Histoire des Francs et de la Gaule

Histoire des Francs et de la Gaule

Collection « *Les Pages de l'Histoire* »

Auteurs dont les travaux ont contribué à cette collection :
Grégoire de Tours
Jullien Camille, & al.

Editions Le Mono

Collection « *Les Pages de l'Histoire* »

Connaître le passé peut servir de guide au présent et à l'avenir.

© Editions Le Mono

ISBN : 978-2-36659-352-5
EAN : 9782366593525

Les Gaulois et les Francs

Gai ! gai ! serrons nos rangs,
Espérance
De la France,
Gai ! gai ! serrons nos rangs ;
En avant, Gaulois et Francs !

D'Attila suivant la voix,
Le barbare
Qu'elle égare
Vient une seconde fois
Périr dans les champs gaulois.

Ces vins que nous amassons
Pour les boire
À la victoire,
Seraient bus par des Saxons !
Plus de vin, plus de chansons !

Gai ! gai ! serrons nos rangs,
Espérance
De la France,
Gai ! gai ! serrons nos rangs ;
En avant, Gaulois et Francs !

Quoi ! ces monuments chéris,
Histoire
De notre gloire,
S'écrouleraient en débris !
Quoi ! Les Prussiens à Paris !

Gai ! gai ! serrons nos rangs,
Espérance
De la France,
Gai ! gai ! serrons nos rangs ;
En avant, Gaulois et Francs !

Nobles Francs et bons Gaulois,
La paix si chère
À la terre
Dans peu viendra sous vos toits
Vous payer de tant d'exploits.

Gai ! gai ! serrons nos rangs,
Espérance
De la France,
Gai ! gai ! serrons nos rangs ;
En avant, Gaulois et Francs !

Pierre-Jean de Béranger

L'histoire de la Gaule et des francs intéresse à la fois la France, l'Allemagne, la Belgique et l'Italie.

Cette histoire intéresse toute l'Europe en réalité.

I

Si l'on admet sans ambages que les Francs étaient issus de l'union de plusieurs groupes germaniques, les opinions divergent néanmoins sur leur souche, d'où venaient-ils, et sur leur migration jusqu'à qu'ils envahissent la Gaule alors sous domination romaine. On lit sous la plume de l'historien Augustin Thierry[1], que les Francs seraient issus des tribus primitives de la race germanique qui firent leur émigration d'Asie en Europe, par les rives du Pont-Euxin. On partageait alors la conviction populaire selon laquelle Francion, fils d'Hector, serait le fondateur et premier roi des Francs, donc de la nation Française.

La Gaule était l'une des plus célèbres régions de l'Europe. Le nom de la Gaule (ou Gallia) était donnée aux régions s'étendant des Alpes aux Pyrénées, et de la mer Méditerranée jusqu'aux rives lointaines de l'océan. Ce nom lui venait de la principale nation qui habitait cette contrée, celle des Gaulois ou Celtes. (Les noms Gaulois et Celte étaient d'ailleurs synonymes.) Les Celtes s'appelaient ainsi dans leur langue, mais les Romains leur donnaient le nom de Gaulois.

D'après les écrits de Louis de Jaucourt, célèbre encyclopédiste français, la Gaule était une région possédée par un grand nombre de peuples indépendants les uns des autres. Comme il n'y avait aucune nation assez puissante pour imposer longtemps sa suprématie, la Gaule était, au 2è siècle, en pleine anarchie. Les querelles politiques y maintenaient la

---

[1] Voir son traité *Considérations sur l'histoire de France*.

discorde dans les villes, dans les campagnes, dans les familles même.

Le gouvernement était à peu près partout aristocratique; écrivait l'historien Jullien Camille[2] ; le pouvoir appartenait à un sénat nombreux, composé sans doute des hommes les plus riches et les plus influents. Il élisait un chef suprême, annuel ou viager, qui s'appelait assez souvent, semble-t-il, « le juge », vergobret en gaulois. Toutes les nations gauloises se trouvaient alors dans un état de crise. La puissance effective était partout entre les mains de quelques nobles, riches en terres et en clients. Le clergé était, avec la noblesse, la classe dominante. La Gaule possédait un corps de prêtres appelés «druides», qui tenaient la première place dan la vie publique el sociale des nations. Les druides dirigeaient la religion officielle et le culte privé. Ils instruisaient la jeunesse et lui apprenaient la force et la puissance des dieux. Les druides étaient aussi une grande puissance politique. Chaque année, ils tenaient; au centre de la Gaule, dans le pays de Chartres, de véritables assises, où ils jugeaient de tous les procès publics et privés. Contre ceux qui ne répondaient pas à leur appel, ils lançaient des sentences d'excommunication, ce qui était, pour les Gaulois, le plus redoutable des châtiments.

Influencés par la légende, nous imaginons généralement les druides au fond des bois et dans de vastes clairières, immolant des victimes et accomplissant leurs sacrifices sur de grands monuments en pierre brute, isolés, tristes et nus. Il est

---

[2] Dans son livre *Tableau sommaire de la Gaule sous la domination romaine.*

d'ailleurs resté bon nombre de ces monuments dans toute la France, en Bretagne surtout : les dolmens, en forme de table; les menhirs, qui se dressent, isolés, comme des obélisques; les alignements et les cromlechs, gigantesques rangées de pierres plantées dans le sol. La légende nous a aussi habitués à appeler ces monuments des « pierres druidiques ». Mais ces pierres n'ont en réalité aucun rapport avec la religion des druides; la tradition qui s'est formée à leur propos n'a rien d'historique, et il est fort douteux qu'un druide ait jamais sacrifié sur un dolmen ou prié dans l'enceinte d'un cromlech. Ce sont, selon toute vraisemblance, des ruines de tombeaux ou des « pierres de souvenir», destinées à recueillir les cendres des morts ou à perpétuer la mémoire des hommes disparus. Il s'en trouve de semblables en Afrique, en Orient, dans le monde entier: ce sont là des formes de sépulcres ou de monuments qui ont été également naturelles à tous les peuples primitifs.

A ces Gaulois dont les romains raillaient la superstition, ils reconnurent cependant deux grandes qualités : le courage et l'éloquence. On disait qu'il y avait deux arts où ils étaient passés maîtres, l'art de se battre et celui de bien parler. Ils ont conservé, jusqu'à la fin du monde ancien, ce double renom, et leurs descendants. D'ailleurs, les Français d'aujourd'hui, méritent encore l'éloge que faisait un géographe grec des Gaulois : Le caractère commun de toute la race gauloise, c'est qu'elle est irritable et folle de guerre, prompte au combat; du reste, simple et sans malignité. Si on les irrite, ils marchent ensemble droit à l'ennemi, et l'attaquent de front, sans s'informer d'autre chose. Aussi, par la ruse, on en vient aisément à bout; on les attire au combat quand on veut, où l'on veut, peu importent les motifs; ils sont toujours prêts, n'eussent-ils d'autre arme que leur force et leur audace. Toutefois, par la persuasion, ils se laissent amener sans peine aux choses utiles; ils sont susceptibles de culture et d'instruction littéraire. Ils s'assemblent aisément en grande foule, simples qu'ils sont et spontanés, et prennent volontiers en main la cause de celui qu'on opprime.

Après avoir été des envahisseurs, les Gaulois furent à leur tour envahis. Conquise par César, toute la Gaule devint romaine. Les romains entamèrent la conquête de la Gaule à la fin du 2è siècle avant l'ère chrétienne.

Selon J. Bainville[3], il est probable que, sans les Romains, la Gaule eût été germanisée. L'occasion de la première campagne de César, en 58, avait été provoquée par une invasion germanique. César s'était présenté comme un protecteur des Gaulois. Dès que la conquête fut achevée, Rome se trouva associée aux Gaulois pour repousser les Germains. Tacite rapporte ainsi un célèbre discours aux Gaulois qui aurait été prononcé par le général romain Cérialis après sa victoire : « *Nous ne nous sommes pas établis sur le Rhin pour défendre l'Italie, mais pour empêcher un nouvel Arioviste de conquérir les Gaules... Les Germains ont toujours une même raison qui les pousse sur votre territoire : l'inquiétude, l'avidité, la passion du changement, passion naturelle quand, au lieu de leurs marais et de leurs déserts, ils espèrent posséder un sol d'une fertilité extrême et devenir vos maîtres.* »

Ainsi, de concert avec Rome, d'après l'historien J. Bainville, la Gaule avait dû refouler de nombreuses invasions. En 275, l'empereur Probus repousse et châtie durement les Germains qui s'étaient avancés fort loin en Gaule et qui, en se retirant, avaient laissé derrière eux des ruines et un désert. Dans leur retraite, ils avaient même coupé les arbres fruitiers.

À mesure que grandissaient l'anarchie et les querelles politiques dans la Gaule, les invasions devenaient plus fréquentes et le nombre des Barbares

---

[3] Dans son livre *Histoire de France*.

qui se pressaient aux portes semblait croître. Il en surgissait toujours de nouvelles espèces, dont certaines étaient heureusement des rivales : ainsi la Gaule fut nettoyée des Vandales par les Goths. Pourtant, au cinquième siècle, la collaboration de la Gaule et de Rome s'exprima encore d'une manière mémorable par Aétius, vainqueur d'Attila aux Champs Catalauniques. Le roi des Huns était à la tête d'un empire qu'on a pu comparer à celui des Mongols. Lui-même ressemblait à Gengis-Khan et à Tamerlan. Il commandait des peuplades jusqu'alors inconnues. Aétius le battit près de Châlons avec l'aide des Wisigoths et des Francs ; et cette victoire est restée dans la mémoire des peuples (451).

Qui étaient les Francs ce peuple qui a donné son nom à la France ?

II

Comment raconter l'histoire des Francs sans remonter à l'histoire de l'humanité et celle de la chrétienté. L'histoire des Francs semble étroitement liée à celle du développement du Christianisme en Europe. C'est ce qui ressort des travaux de Grégoire de Tours l'un des principaux auteurs dont on fait référence pour exposer l'histoire des Francs.

D'Adam le premier homme à Noé, on compte dix générations. Après le déluge, Noé avait trois fils, Sem, Cham et Japhet. Ils donnèrent tous trois naissance à des nations, comme le dit l'ancienne histoire ; c'est d'eux que le genre humain est sorti pour se disperser sous la face du ciel.

Le premier fils de Noé était Sem, duquel naquit Abraham à la dixième génération. A l'âge de cent ans, il engendra Isaac. Isaac, dans la soixantième année de son âge, eut deux fils de Rébecca. Le premier était Ésaü, qu'on appelle aussi Édom, c'est-à-dire fait de terre, et qui vendit son droit d'aînesse par gourmandise. Il est le père des Edomites.

Le second fils d'Isaac fut Jacob. Il engendra douze patriarches, dont voici les noms : Ruben, Siméon, Lévi, Juda, Issachar, Zabulon, Dan, Nephthali, Gad, et Aser. Après ceux-ci, il eut Joseph, de Rachel, dans la quatre-vingt douzième année de son âge. Il aima ce fils par-dessus les autres. C'est pourquoi, enflammés de jalousie, ils le vendirent pour vingt pièces d'argent à des Ismaélites qui allaient en Égypte. La famine les pressant, les frères de Joseph se rendirent en Égypte où ils ne reconnurent pas Joseph, qui les reconnut. Après leur avoir fait subir beaucoup d'épreuves et s'être fait amener Benjamin qui était né de sa mère Rachel, Joseph se découvrit à eux. Ensuite tous les Israélites vinrent en Égypte, où Joseph les fit jouir de la faveur de Pharaon. Après avoir donné la bénédiction à ses fils, Jacob mourut en Égypte et fut enterré dans la terre de Chanaan, dans le tombeau de son père Isaac. Après la mort de Joseph, Pharaon réduisit en servitude toute la race des Israélites. Après les dix plaies d'Égypte, elle fut délivrée par Moïse, et Pharaon se noya dans la Mer Rouge.

Depuis la naissance d'Abraham jusqu'à la sortie des Israélites de l'Égypte ou le passage de la Mer Rouge vers Jérusalem, on compte quatre cent soixante-deux ans.

Depuis le retour à Jérusalem jusqu'à la naissance de Jésus-Christ on compte quatorze générations.

Pour ne pas avoir l'air de ne connaître que la seule nation des Hébreux, parlons maintenant des autres royaumes. Du temps d'Abraham, Ninus régnait sur les Assyriens ; Europs sur les Sicyoniens : chez les Égyptiens était alors la seizième domination que, dans leur langue, ils appelaient dynastie. Du temps de Moïse, les Argiens avaient pour septième roi Tropas ; Cécrops était le premier roi de l'Attique ; les Égyptiens avaient pour douzième roi Cenchris, qui fut submergé dans la Mer Rouge ; le seizième roi des Assyriens était Agatade ; Marate occupait le trône des Sicyoniens du temps de Salomon, lorsqu'il régnait sur Israël. Sylvius était le cinquième roi des Latins ; Festus celui des Lacédémoniens ; Oxion était le deuxième roi des Corinthiens ; Théphei, roi des Égyptiens. Dans la cent vingt-sixième année, Eutrope régnait sur les Assyriens, Agasaste était le second roi des Athéniens. Lorsque Amon régnait sur les Juifs, quand ils furent emmenés en captivité en Babylonie, Argée était roi des Macédoniens ; Gygès, roi des Lydiens ; Vafrès, roi d'Égypte, et Nabuchodonosor, qui emmena les Israélites captifs, était roi de Babylone : Servius Tullius était le sixième roi de Rome.

Après eux vinrent les empereurs ; le premier fut Jules César, qui s'empara du pouvoir dans tout l'Empire ; le second fut Octave, neveu de Jules César, et qu'on nomme aussi Auguste, d'où on nomma un mois Auguste. Dans la dix-neuvième année de son règne, on trouve clairement la fondation de Lyon, ville des Gaules, qu'on nomma dans la suite très noble, à cause de l'illustration que lui donna le sang des martyrs.

C'est dans la quarante-troisième année du règne d'Auguste que naquit Jésus-Christ. Depuis la captivité de Jérusalem et la destruction du temple, jusqu'à la mort de Jésus-Christ, c'est-à-dire jusqu'à la dix-septième année du règne de Tibère, on compte six cent soixante-huit ans.

Sous le règne de Claude, quatrième empereur depuis Auguste, le bienheureux apôtre Pierre se rendit à Rome où, faisant des prédications, il prouva clairement, par un grand nombre de miracles, que le Christ était fils de Dieu. C'est dans ce temps que les chrétiens commencèrent à paraître à Rome. Comme le nom du Christ se répandait de plus en plus parmi les peuples, la haine du vieux serpent se ralluma, et une cruelle méchanceté s'insinua dans le cœur de l'empereur ; car ce Néron, vain et superbe, confondant dans ses débauches les hommes et les femmes, amant infâme de sa mère, de sa sœur et de ses plus proches parentes, pour combler la mesure de sa méchanceté, excita le premier une persécution contre les chrétiens.

Il avait avec lui un homme appelé Simon le Mauricien, rempli de méchanceté, et savant dans tous les arts de la magie. Celui-ci ayant été vaincu par les apôtres du Seigneur Pierre et Paul, Néron, irrité contre eux de ce qu'ils prêchaient le Christ fils de Dieu, et refusaient avec mépris d'adorer les idoles, ordonna qu'on fit mourir Pierre sur la croix et Paul par le glaive. Une sédition s'étant élevée contre lui, il essaya de se sauver, et se tua de sa propre main, à la quatrième borne à partir de la ville.

Trajan fut le troisième après Néron qui persécuta les Chrétiens ; sous son règne saint Clément, troisième évêque de l'Église de Rome, fut mis au supplice. On dit aussi que saint Siméon, évêque de Jérusalem et fils de Cléophas, fut crucifié pour le nom du Christ, et qu'Ignace, évêque d'Antioche, fut conduit à Rome et livré aux bêtes. Ces choses se passèrent sous le règne de Trajan.

Après ces martyres des chrétiens, s'élevèrent des schismes entre les chrétiens eux-mêmes. Des hérésies s'élevèrent, et la foi catholique déchirée fut interprétée de diverses manières. Sous l'empereur Antonin parut l'hérésie insensée de Marcion et de Valentinien. Le philosophe Justin, après avoir écrit des livres pour l'Église catholique, fut couronné du martyre pour le nom du Christ. Dans l'Asie, une persécution s'étant élevée, saint Polycarpe, disciple de Jean, apôtre et évangéliste, dans la quatre-vingtième année de son âge, fut brûlé comme un pur holocauste pour le nom du Seigneur. Dans les Gaules, un grand nombre de Chrétiens reçurent, pour le même nom, la précieuse et brillante couronne du martyre ; l'histoire de leurs souffrances nous a été conservée fidèlement jusqu'à ce jour.

Sous l'empereur Dèce il s'éleva contre le nom chrétien un grand nombre de persécutions, et on fit un si grand carnage des fidèles qu'on ne pourrait les compter. Babylas, évêque d'Antioche, avec trois petits enfants, Urbain, Prilidan et Épolone ; Sixte, évêque de la ville de Rome ; Laurent, archidiacre, et Hippolyte, reçurent le martyre pour avoir confessé le nom du Seigneur. Valentinien et Novatien, alors les principaux chefs des hérétiques, à l'insinuation de l'ennemi de Dieu, attaquèrent notre foi. Dans ce temps sept hommes, nommés évêques, furent envoyés pour prêcher dans les Gaules, comme le rapporte l'histoire de la passion du saint martyr Saturnin. Sous le consulat de Décius et de Gratus, comme le rappelle un souvenir fidèle, la ville de Toulouse eut pour premier et plus grand évêque, saint Saturnin. Voici ceux qui furent envoyés : Gatien, évêque à Tours ; Trophime à Arles ; Paul à Narbonne ; Saturnin à Toulouse ; Denis à Paris, Strémon (Austremoine) en Auvergne et Martial à Limoges. Parmi ces pontifes, Denis, évêque de Paris, subit divers supplices pour le nom du Christ, et, frappé du glaive, termina sa vie en ce monde.

La persécution des chrétiens continuèrent sous le règne des empereurs Valérien et Gallien.

Du temps de ces deux empereurs, Chrocus, roi des Allemands, ayant levé une armée, ravagea les Gaules. On rapporte que ce Chrocus était d'une grande arrogance ; ayant commis quelques crimes par le conseil d'une mère perverse, il rassembla la nation des Allemands, se répandit dans toute la Gaule, et renversa de fond en comble tous les édifices anciens. Étant arrivé en Auvergne, il incendia, renversa et détruisit un temple que les habitants appelaient *Vasso*, en langue gauloise. Il était d'une construction admirable et très solide, car ses murs étaient doubles ; ils étaient battis en dedans, avec de petites pierres, en dehors avec de grandes pierres carrées, et avaient trente pieds d'épaisseur. L'intérieur était décoré de marbres et de mosaïques, le pavé était en marbre et le toit en plomb.

Auprès de la ville de Clermont reposent les martyrs Liminius et Antolien. Cassius et Victorin, liés par une amitié fraternelle dans l'amour du Christ, répandirent leur sang ensemble, et entrèrent ensemble dans le royaume des cieux. La tradition rapporte que Victorin avait été au service du pontife du temple dont je viens de parler. Allant souvent dans la rue appelée rue des Chrétiens, pour les persécuter, il y trouva Cassius qui était chrétien ; touché par ses prédications et ses miracles, il crut en Jésus-Christ, et, abandonnant son infinie idolâtrie, il se fit consacrer par le baptême et devint puissant et célèbre en miracles. Peu de temps après, les deux amis avant subi le martyre, montèrent ensemble dans le royaume des cieux.

Sous Dioclétien, qui fut le trente-troisième empereur de Rome, il s'éleva toujours contre les Chrétiens, pendant quatre ans, une cruelle persécution, de sorte qu'une certaine fois, le saint jour de Pâques même, un grand nombre de chrétiens furent massacrés pour le culte du vrai Dieu.

Constantin devint le trente-quatrième empereur des Romains et régna heureusement pendant trente ans. La onzième année de son règne, la paix ayant été rendue aux Églises après la mort de Dioclétien, le bienheureux évêque saint Martin naquit à Szombatel (Sabaria), ville de Pannonie, de parents idolâtres, mais non obscurs.

A cette époque saint Martin commença à prêcher dans les Gaules, faisant connaître aux peuples le Christ et dissipant l'incrédulité des Gentils.

Après la mort de Valentinien, Valens, possesseur de tout l'Empire, ordonna d'incorporer les moines dans la milice, et de frapper de verges ceux qui refuseraient. Ensuite les Romains soutinrent dans la Thrace une guerre terrible ; le carnage y fut si grand que les Romains, ayant perdu le secours de la cavalerie, s'enfuirent à pied.

Comme ils étaient taillés en pièces par les Goths, et que Valens fuyait blessé par une flèche, il entra dans une petite chaumière, où les ennemis l'ayant poursuivi, il fut enseveli sous les ruines de la maison incendiée et n'eut point de sépulture.

L'empereur Gratien, voyant la dissolution de la république, s'associa Théodose pour collègue dans l'empire. Ce Théodose mit tout son espoir et toute sa confiance en la miséricorde de Dieu. Ce fut plutôt par les veilles et les oraisons que par le glaive qu'il réprima les nations, affermit la république et entra vainqueur dans la ville de Constantinople.

Maxime, ayant remporté la victoire à l'aide des Bretons opprimés par la tyrannie, fut créé empereur par ses soldats. Ayant établi sa résidence dans la ville de Trèves, il entoura de pièges l'empereur Gratien, et le fit périr. L'évêque saint Martin alla trouver ce Maxime. Théodose, qui avait mis tout son espoir en Dieu, prit possession de tout l'Empire. Soutenu par des inspirations divines, il dépouilla Maxime de son trône et le fit périr.

La seconde année du règne d'Arcadius et d'Honorius, saint Martin, évêque de Tours, rempli de vertus et de sainteté, après avoir comblé de bienfaits les infirmes et les pauvres, sortit de ce monde pour aller heureusement vers Jésus-Christ, dans le bourg de Candès de son diocèse, dans la quatre-vingt-unième année de son âge, la vingt-sixième de son épiscopat. Il mourut au milieu de la nuit du dimanche, sous les consuls Atticus et Cæsarius (397).

Si quelqu'un demande pourquoi, après la mort de l'évêque Gatien, il n'y a eu qu'un seul évêque, Litoire, jusqu'à saint Martin, il saura qu'à cause de la position des païens, la ville de Tours fut longtemps privée de la bénédiction sacerdotale. Dans ce temps, ceux qui étaient chrétiens célébraient l'office divin secrètement et dans d'obscures retraites ; car, lorsque des païens découvraient des chrétiens, ils les battaient de verges ou les frappaient du glaive. Depuis la mort de Jésus jusqu'à la mort de saint Martin, on compte 412 ans.

III

Après la mort de saint Martin, évêque de Tours, Brice lui succéda dans l'épiscopat et vécut ensuite heureusement l'espace de sept années. Après sa mort, il eut pour successeur saint Eustoche, homme très grand en sainteté.

Ensuite les Vandales, quittant leur pays, vinrent avec leur roi Gunderic (406) pour faire une irruption dans les Gaules. Après y avoir commis de grands ravages, ils se dirigèrent sur l'Espagne. Les Suèves, c'est-à-dire les Allemands, les y suivirent et s'emparèrent de la Galice. Peu de temps après, comme les deux peuples étaient voisins l'un de l'autre, il y eut du bruit entre eux ; ils marchèrent en armes pour se faire la guerre : déjà ils étaient prêts à combattre, lorsque le roi des Allemands parla ainsi : Jusques à quand la guerre s'agitera-t-elle sur la totalité de ce peuple ? Je vous en conjure, que les armées des deux peuples ne soient pas détruites ; mais que deux des nôtres s'avancent avec leurs armes de guerre au milieu du champ de bataille et combattent entre eux : le peuple dont le guerrier sera vainqueur obtiendra sans contestation tout le pays. Tout le peuple y consentit, afin que cette multitude entière n'allât pas se précipiter sur la pointe des glaives. Ces jours-là le roi Gunderic (428) était mort, et Thrasamund avait à sa placé obtenu le trône. Les deux guerriers ayant combattu, le parti des Vandales fût vaincu. Thrasamund, dont le guerrier avait été tué, promit de s'éloigner de bonne grâce : ainsi, lorsqu'il eut préparé les choses nécessaires à son voyage, il s'éloigna des confins d'Espagne.

Dans le même temps, Thrasamund exerça une persécution contre les chrétiens, et il contraignait toute l'Espagne, par des tourments et des supplices divers, à trahir la foi pour embrasser la secte d'Arius.

Après la mort de Thrasamund, Hunéric, homme encore plus féroce, régna après lui, et les Vandales l'élurent pour être à leur tête. On ne saurait concevoir le nombre prodigieux de chrétiens qui, sous son règne, furent mis à mort pour le nom sacré de Jésus-Christ.

Le roi Huneric, voyant que la glorieuse fidélité des Chrétiens faisait ainsi paraître à nu la fausseté de ses doctrines, que la secte de l'erreur se détruisait au lieu de s'établir, et que la fourberie de son pontife avait été mise à découvert par cette action criminelle, ordonna qu'après bien des tourments, après les avoir fait passer par les chevalets, les flammes et les crocs de fer, on mit à mort les saints de Dieu.

Humeric, après un si grand forfait, fut possédé du démon, et lui qui s'était longtemps abreuvé du sang des saints, se déchirait par ses propres morsures ; ce fut dans ces tourments qu'une juste mort termina son indigne vie. En 484 Hilderic lui succéda, et à sa mort, Gélésimère parvint au gouvernement. Celui-ci, ayant été vaincu par la république, termina sa vie en même temps que son règne. Ainsi tomba le royaume des Vandales.

Le bruit s'était répandu que les Huns voulaient faire une irruption dans les Gaules. Il y avait en ce temps dans la ville de Tongres un évêque d'une très grande sainteté, nommé Aravatius. Il suppliait la miséricorde de Dieu de ne pas permettre l'entrée des Gaules à cette nation incrédule, et toujours indigne de lui. Mais ayant été averti par inspiration qu'à cause des fautes du peuple, ce qu'il demandait ne lui serait pas accordé, il résolut de gagner la ville de Rome.

Les Huns étant donc sortis de la Pannonie vinrent, dépeuplant le pays, à la ville de Metz, où ils arrivèrent, ainsi que quelques-uns le rapportent, la veille du saint jour de Pâques. Ils livrèrent la ville aux flammes, passèrent les habitants au fil de l'épée, et égorgèrent même les prêtres du Seigneur devant les autels sacrés.

Cependant Attila, roi des Huns, ayant quitté la ville de Metz, et ravageant impunément les cités des Gaules, vint mettre le siège devant Orléans, et tâcha de s'en emparer en l'ébranlant par le choc puissant du bélier. Vers ce temps-là, cette ville avait pour évêque le bienheureux Anian, homme d'une éminente sagesse et d'une louable sainteté, dont les actions vertueuses ont été fidèlement conservées parmi nous. Et comme les assiégés demandaient à grands cris à leur pontife ce qu'ils avaient à faire, celui-ci, mettant sa confiance en Dieu, les engagea à se prosterner tous pour prier et implorer avec larmes le secours du Seigneur toujours présent dans les calamités. Ceux-ci s'étant mis à prier, selon son conseil, le pontife dit : Regardez du haut du rempart de la ville si la miséricorde de Dieu vient à notre secours. Car il espérait, par la miséricorde de Dieu, voir arriver Aetius. Et ils imploraient la miséricorde de Dieu avec de grands gémissements et de grandes lamentations. Leur oraison finie, ils vont, par l'ordre du vieillard, regarder pour la troisième fois du haut du rempart, et aperçoivent de loin comme un nuage qui s'élève de la terre. Ils l'annoncent au pontife qui leur dit : C'est le secours du Seigneur. Cependant les remparts, ébranlés déjà sous les coups du bélier, étaient au moment de s'écrouler lorsque voilà Aetius qui arrive, voilà Théodoric, roi des Goths, ainsi que Thorismund son fils, qui accourent vers la ville à la tête de leurs armées, renversant et repoussant l'ennemi. La ville ayant donc été délivrée par l'intercession du saint pontife, ils mettent en fuite Attila, qui, se jetant dans les plaines de Méry, se dispose au combat ; ce que les Orléanais apprenant, ils se préparent à lui résister avec courage.

Aetius donc, réuni aux Goths et aux Francs, livra bataille à Attila. Celui-ci, voyant que ses troupes étaient taillées en pièces, eut recours à la fuite. Cependant Théodoric, roi des Goths, fut tué dans ce combat. Personne ne doit douter que la défaite des ennemis arriva par l'intercession du saint évêque dont nous avons parlé. Cependant Aetius et Thorismund remportèrent la victoire et détruisirent les ennemis. La guerre étant terminée, Aetius dit à Thorismund : *Hâtez-vous de retourner promptement dans votre patrie, de peur que votre frère, se pressant, ne vous dépouille du royaume de votre père.* Celui-ci, entendant ces paroles, se hâta de partir pour prévenir son frère et prendre possession le premier du trône de son père. Aetius se délivra par une semblable ruse du roi des Francs. Après leur départ Aetius pilla le camp, et retourna victorieux dans sa patrie avec un butin considérable. Attila se retira avec un petit nombre des siens, et peu de temps après les Huns s'étant emparés d'Aquilée, qu'ils incendièrent et détruisirent, se répandirent dans l'Italie et la ravagèrent. Thorismund, dont nous avons parlé plus haut, soumit dans une guerre les Alains; ensuite, après beaucoup de différends et de guerres, ses frères tombèrent sur lui et le tuèrent (en 453 par Théodoric et Frédéric).

Après avoir arrangé et complètement exposé ces événements selon l'ordre des temps, j'ai cru qu'il ne m'était pas permis de passer sous silence ce que l'histoire de Renatus Frigeridus rapporte sur Aetius dont nous avons parlé plus haut. Il raconte, dans le douzième livre de son histoire, qu'à la mort de l'empereur Honorius, Valentinien, encore enfant, et n'ayant accompli qu'un lustre, fut créé Empereur par son cousin germain Théodose (424), et que le tyran Jean s'éleva à l'empire de Rome ; après avoir dit que ses députés furent méprisés par César, il ajoute : Pendant que ces choses se passaient ainsi, les députés retournèrent vers le tyran, lui rapportant les menaces les plus terribles. Ces menaces déterminèrent Jean à envoyer aux Huns, avec beaucoup d'or, Aetius, à qui était alors confié le soin de son palais. Celui-ci les avait connus dans le temps où il était chez eux en otage, et était lié avec eux d'une intime amitié. Il fut chargé de leur porter les instructions suivantes, qu'aussitôt que les ennemis entreraient en Italie, ils les attaquassent par derrière, tandis que lui les prendrait de front. Et comme nous aurons par la suite beaucoup de choses à dire sur cet homme, je juge à propos de parler de sa naissance et de son caractère. Son père Gaudentius, de la principale ville de la province de Scythie, ayant commencé la guerre par l'état de domestique, parvint jusqu'au grade de maître de la cavalerie. Sa mère, Itala, était une femme noble et riche ; leur fils Aetius, prétorien dès son enfance, fut à trois ans remis en otage à Alaric, de là aux Huns ; ensuite, étant devenu gendre de Carpillion, il commença, en qualité de comte des domestiques, à être chargé de l'administration du palais de Jean. Il était d'une taille médiocre, d'un corps vigoureux, sans faiblesse ni pesanteur, d'un extérieur mâle et élégant, d'un esprit très actif ; cavalier très agile, habile à lancer des flèches, adroit la lance à la main, très propre à la guerre, excellent dans les arts de la paix. Exempt d'avarice et de toute avidité, il était doué des dons de l'esprit, ne s'écartant pas de son devoir par de mauvais penchants, supportant les outrages avec une très grande patience, aimant le travail, ne craignant aucun danger, souffrant avec beaucoup de courage la faim, la soif et les veilles. Il est certain qu'il lui fut prédit, dès son jeune âge, à quelle puissance le destin le réservait, et qu'il serait renommé dans son temps et dans son pays.

Voilà ce que rapporte sur Aetius l'historien nommé ci-dessus. Mais l'empereur Valentinien, devenu adulte, craignant qu'Aetius ne le mît sous le joug, le tua sans sujet (454). Lui-même à son tour, siégeant sur son tribunal dans le champ de Mars et parlant au peuple, fut surpris par derrière et percé d'une épée par Occylla (455), trompette d'Aetius. Telle fut la fin de l'un et de l'autre.

Beaucoup de personnes ignorent qui fut le premier roi des Francs. Quoique Sulpice Alexandre rapporte sur eux beaucoup de choses, il ne nomme pas le premier de leurs rois, et dit qu'ils avaient des ducs : il est bon cependant de rapporter ce qu'il raconte de ces derniers chefs. Après avoir dit que Maxime, ayant perdu tout espoir de conserver l'Empire, restait dans Aquilée, presque privé de tout, il ajoute : Dans ce temps les Francs (l'an 388), sous la conduite de Gennobaude, Marcomer et Sunnon, leurs ducs, firent une irruption dans la Germanie, et, passant la frontière, massacrèrent beaucoup d'habitants, et, ayant ravagé des cantons d'une grande fertilité, portèrent l'épouvante jusqu'à Cologne (*Colonia Agrippina*). Aussitôt que la nouvelle en eut été portée à Trèves, Nannénus et Quintinus, commandants de la milice, à qui Maxime avait confié l'enfance de son fils et la défense des Gaules, assemblèrent une armée et se rendirent à Cologne. Mais les ennemis, chargés de butin, après avoir pillé les richesses des provinces, repassèrent le Rhin, laissant sur le territoire romain plusieurs des leurs prêts à recommencer le ravage. Les Romains les combattirent avec avantage, et tuèrent un grand nombre de Francs près de la forêt des Ardennes (*la Carbonnière*). Comme on délibérait pour savoir si, pour profiter de la victoire, on devait passer dans le pays des Francs, Nannénus s'y refusa, sachant bien qu'ils étaient prêts à les recevoir, et qu'ils seraient certainement plus forts chez eux. Quintinus et le reste de l'armée étant d'un avis différent, Nannénus retourna à Mayence. Quintinus, ayant passé le Rhin avec son armée auprès de Nuitz, arriva, le deuxième jour de marche depuis le fleuve, à des maisons inhabitées et de grands villages abandonnés. Les Francs, feignant d'être épouvantés, s'étaient retirés dans des bois très enfoncés, et avaient fait des abattis sur la lisière des forêts, après avoir incendié toutes les maisons, croyant, dans leur lâche sottise, que déployer contre ces murs leur fureur, c'était consommer leur victoire. Les soldats, chargés de leurs armes, passèrent la nuit dans l'inquiétude. Dès la pointe du jour, étant entrés dans les bois sous la conduite de Quintinus, ils s'engagèrent presque jusqu'à la moitié du jour dans les détours des chemins, et s'égarèrent tout à fait. A la fin, arrêtés par une enceinte de fortes palissades, ils se répandirent dans des champs marécageux qui touchaient à la forêt. Quelques ennemis se montrèrent sur leur passage, montés sur des troncs d'arbres entassés ou sur des abattis. Du haut de ces tours, ils lançaient, comme si c'eût été avec des machines de guerre, des flèches trempées dans le poison des herbes ; de sorte qu'une mort certaine était la suite des blessures qui n'avaient fait qu'effleurer la peau, même dans des parties du corps où les coups ne sont pas mortels. Bientôt l'armée, environnée d'un grand nombre d'ennemis, se précipita avec empressement dans les plaines que les Francs avaient laissées ouvertes. Les cavaliers s'étant plongés les premiers dans les marais, on y vit périr pêle-mêle les hommes et les chevaux. Les fantassins qui n'étaient pas foulés par le poids des chevaux, plongés dans la fange, et, débarrassant leurs pieds avec peine, se cachaient de nouveau en tremblant dans les bois dont ils venaient à peine de sortir. Les légions ayant rompu leurs rangs furent massacrées. Héraclius, tribun des Joviniens, ayant été tué ainsi que la plupart des officiers, un petit nombre trouva son salut dans l'obscurité de la nuit et les retraites des forêts. Ce récit se trouve dans le troisième livre de l'histoire de Sulpice Alexandre.

Dans le quatrième, après avoir raconté le meurtre de Victor, fils du tyran Maxime, il dit : Dans ce temps (389) Charietton et Syrus, mis à la place de Nannénus, s'opposèrent aux Francs avec une armée dans la Germanie. Et après quelques mots sur le butin que les Francs avaient remporté de Germanie, il ajoute : Arbogaste, ne souffrant aucun délai, engagea César à infliger aux Francs le châtiment qu'ils méritaient, à moins qu'ils ne restituassent tout ce que, dans l'année précédente, ils avaient pillé après le massacre des légions, et qu'ils ne livrassent les auteurs de la guerre, afin qu'on les punît d'avoir violé perfidement la paix. Il raconte ce qui se passa pendant le commandement de Charietton et Syrus ; et ajoute : Peu de jours après, ayant eu une courte entrevue avec Marcomer et Sunnon, officiers royaux des Francs, et en ayant reçu des otages, selon la coutume, le général romain se retira à Trèves pour y passer l'hiver. Comme il les appelle royaux, nous ne savons s'ils étaient rois ou s'ils en tenaient la place. Le même historien, rapportant la situation critique de l'empereur Valentinien, ajoute : Pendant que divers événements se passaient dans la Thrace, en Orient, l'état des affaires était troublé dans la Gaule. Le prince Valentinien, renfermé à Vienne dans l'intérieur de son palais, et presque réduit au-dessous de la condition de simple particulier, le soin des affaires militaires était livré à des satellites Francs, et les affaires civiles étaient passées entre les mains de la faction d'Arbogaste. Parmi tous les soldats engagés dans la milice, on n'en trouvait aucun qui osât obéir aux ordres ou aux discours particuliers du prince. Il rapporte ensuite que, dans la même année, Arbogaste, poursuivant Sunnon et Marcomer, petits rois francs, avec une haine de barbare, se rendit à Cologne dans la plus grande rigueur de l'hiver, pensant qu'il pénétrerait facilement dans les retraites des Francs, et y mettrait le feu lorsqu'ils ne pourraient plus se cacher en embuscade dans les forêts dépouillées de feuilles et arides. Ayant donc rassemblé une armée, il passa le Rhin, et ravagea le pays des Bructères, qui sont le plus prés de la rive, et un village habité par les Chamaniens, sans que personne se présentât, si ce n'est quelques Ampsuares et Chattes, commandés par Marcomer, qui se montrèrent sur les plus hauts sommets des collines. Là, laissant de nouveau ceux qu'il appelle chefs et royaux, il dit clairement que les Francs avaient un roi, lorsqu'il dit, sans indiquer son nom. Ensuite le tyran Eugène, ayant entrepris une expédition militaire (393), après avoir, selon sa coutume, renouvelé les anciens traités avec les rois des Allemands et des Francs, gagna la limite du Rhin pour effrayer les nations sauvages par l'aspect d'une armée très considérable. C'est là tout ce que l'historien ci-dessus nommé a dit des Francs.

Renatus Profuturus Frigeridus, dont nous avons déjà parlé, rapportant la prise et la destruction de Rome par les Goths (409), dit : Pendant ce temps, Goar, ayant passé aux Romains, Respendial, roi des Allemands, retira son armée des bords du Rhin, car les Vandales étaient en guerre avec les Francs. Le roi Godégisile avait succombé, et une armée de près de vingt mille hommes avait péri par le fer. Les Vandales auraient été détruits si les Alains ne les eussent secourus à temps (406). Nous sommes étonnés que, nommant par leur nom les rois des autres nations, l'historien ne dise pas aussi celui du roi des Francs.

Cependant lorsqu'il dit que Constantin, s'étant emparé du pouvoir, ordonna à son fils Constans de quitter l'Espagne pour le venir trouver, il raconte ce qui suit : Constantin ayant rappelé d'Espagne son fils Constans (409), qui y régnait en même temps, afin de délibérer ensemble sur l'état des affaires présentes, Constans laissa à Saragosse toute sa cour avec sa femme, confia toutes choses en Espagne à Gérontius, et se rendit sans s'arrêter auprès de son père. Dés qu'ils furent ensemble , après avoir laissé passer plusieurs jours, voyant qu'il n'y avait rien à craindre de l'Italie, Constantin se livra à la débauche et à l'intempérance, et engagea son fils à retourner en Espagne. Pendant que celui-ci, après avoir envoyé ses troupes devant, demeurait encore avec son père, des courriers, arrivant d'Espagne, lui annoncèrent que Gérontius avait établi sur le trône Maxime, un de ses clients (410), et que, secondé des nations barbares, il faisait contre lui des préparatifs de guerre. Effrayés de ces nouvelles, Constans et Décimus Rusticus, devenu préfet des Gaules de maître des offices qu'il était auparavant, après avoir envoyé Édobie vers les Germains, marchèrent vers les Gaules avec les Francs, les Allemands et toutes leurs troupes, projetant de retourner bientôt auprès de Constantin. De même, lorsqu'il raconte que Constantin était assiégé, l'historien dit : A peine quatre mois s'étaient écoulés depuis que Constantin était assiégé, lorsque tout à coup des messagers venus de la Gaule ultérieure annoncèrent que Jovin s'était revêtu des ornements royaux (411, à Mayence), et qu'accompagné des Bourguignons, des Allemands, des Francs et des Alains, il menaçait les assiégeants avec toute son armée. Les assiégeants pressèrent le siège, et

Constantin ouvrit les portes de la ville et se rendit. Conduit aussitôt vers l'Italie, il fut décapité sur les bords du Mincio, par des exécuteurs que le prince envoya au-devant de lui. » Le même historien dit ensuite : Dans le même temps le préfet du tyran Décimils Rusticus , Agroëtius, qui avait été chef des secrétaires de Jovin ; et un grand nombre de nobles, étant tombés, en Auvergne, entre les mains des généraux d'Honorius, subirent un rigoureux supplice. Les Francs pillèrent et incendièrent la ville de Trèves dans une seconde irruption. Astérius ayant été élevé à la dignité de patrice par des lettres de l'empereur, l'historien ajoute : Dans le même temps (411) Castinus, comte des domestiques, fut mis à la tête d'une expédition contre les Francs et envoyé dans les Gaules. Voilà ce que ces historiens racontent des Francs. Orose, historien, parle ainsi dans le septième livre de son ouvrage : Stilicon ayant rassemblé les troupes, écrasa les Francs, passa le Rhin, parcourut les Gaules et alla jusque vers les Pyrénées. Ce sont là les renseignements que les historiens dont nous avons parlé nous ont laissés sur les Francs, sans nous dire le nom de leurs rois. Un grand nombre racontent que ces mêmes Francs, abandonnant la Pannonie, s'établirent sur les bords du Mein : qu'ensuite, traversant ce fleuve, ils passèrent dans le pays de Tongres, et que là, dans leurs bourgs et dans leurs villes, ils créèrent, pour les commander, les rois chevelus pris dans la première et, pour ainsi dire, la plus noble de leurs familles. Comment les victoires de Clovis assurèrent ensuite ce titre à sa famille, c'est ce que nous montrerons plus tard.

Nous lisons dans *Les Fastes Consulaires* que Théodomer, roi des Francs, fils de Richimer, et

Aschila sa mère, furent massacrés. On rapporte aussi qu'alors Chlogion, homme puissant et distingué dans son pays, fut roi des Francs ; il habitait Disparg qui est sur la frontière du pays de Tongres. Les Romains occupaient aussi ces pays, c'est-à-dire vers le midi jusqu'à la Loire. Au-delà de la Loire le pays était soumis aux Goths. Les Bourguignons, attachés aussi à la secte des Ariens, habitaient au-delà du Rhône qui coule auprès de la ville de Lyon. Chlogion, ayant envoyé des espions dans la ville de Cambrai et ayant fait examiner tout le pays, défit les Romains et s'empara de cette ville (vers l'an 445). Après y être demeuré quelque temps, il conquit le pays qui s'étend jusqu'au fleuve de la Somme. On prétend que le roi Mérovée, qui eut pour fils Childéric, était né de sa race.

Avitus, un des sénateurs, et, comme on sait bien, citoyen de l'Auvergne, ayant été élevé à l'empire de Rome (455), et voulant mener une conduite déréglée, fut chassé par le sénat et nomma ensuite évêque de Plaisance. Ayant découvert que le sénat, encore irrité contre lui, voulait attenter à sa vie, il partit chargé d'un grand nombre d'offrandes pour la basilique du bienheureux martyr saint Julien d'Auvergne. Mais, ayant atteint en route le terme de la carrière de sa vie, il mourut et fut porté au village de Brioude, et enterré aux pieds du martyr ci-dessus nommé. Majorien lui succéda à l'Empire (en 457) ; dans les Gaules, le Romain Ægidius fut nommé maître de la milice.

Childéric, roi des Francs, s'abandonna à une honteuse luxure, déshonorant les femmes de ses sujets. Ceux-ci, s'indignant de cet outrage ; le détrônèrent (457). Ayant découvert qu'on en voulait même à sa vie, il se réfugia dans la Thuringe, laissant dans son pays un homme qui lui était attaché pour qu'il apaisât, par de douces paroles, les esprits furieux. Il lui donna aussi un signe pour qu'il lui fît connaître quand il serait temps de retourner dans sa patrie, c'est-à-dire qu'ils divisèrent en deux une pièce d'or, que Childéric en emporta une moitié, et que son ami garda l'autre, disant : Quand je vous enverrai cette moitié, et que les deux parties réunies formeront la pièce entière, vous pourrez revenir en toute sûreté dans votre patrie. Étant donc passé dans la Thuringe, Childéric se réfugia chez le roi Bisin et sa femme Basine. Les Francs, après l'avoir détrôné, élurent pour roi, d'une voix unanime, Ægidius qui, ainsi que nous l'avons dit plus haut, avait été envoyé par la république romaine comme maître de la milice. Celui-ci était déjà dans la huitième année de son règne lorsque le fidèle ami de Childéric, ayant secrètement apaisé les Francs, envoya à son prince des messagers pour lui remettre la moitié de la pièce qu'il avait gardée. Celui-ci, voyant par cet indice certain que les Francs désiraient son retour, et qu'ils le priaient eux-mêmes de revenir, quitta la Thuringe, et fut rétabli sur son trône. Tandis qu'il régnait, Basine, dont nous avons parlé plus haut, abandonna son mari pour venir auprès de Childéric. Comme il lui demandait avec empressement par quel motif elle venait d'un pays si éloigné, on dit qu'elle répondit : J'ai reconnu ton mérite et ton grand courage ; je suis venue pour rester avec toi : sache que si j'avais connu, dans des régions au-delà des mers, un homme plus méritant que toi, j'aurais désiré d'habiter avec lui. Celui-ci, enchanté, l'épousa. Il en eut un fils qu'on appela du nom de Clovis. Ce fut un grand prince et un redoutable guerrier.

Childéric fit la guerre aux Orléanais; Adovacre vint à Angers avec les Saxons.

Une épouvantable peste désola alors le peuple.

Ægidius mourut (en octobre 464), laissant un fils nommé Syagrius. Après la mort d'Ægidius, Adovacre reçut des otages d'Angers et d'autres villes.

Les Bretons furent chassés de Bourges par les Goths, qui en tuèrent un grand nombre prés du bourg de Dol.

Le comte Paul, avec les Romains et les Francs, fit la guerre aux Goths, sur lesquels il fit un grand butin.

Adovacre (Odoacre) étant venu à Angers, le roi Childéric arriva le jour suivant (l'an 471), et ayant tué le comte Paul, il s'empara de la ville. Ce jour-là l'église fut consumée par un grand incendie.

Sur ces entrefaites, la guerre s'alluma entre les Saxons et les Romains. Mais les Saxons prenant la fuite, abandonnèrent un grand nombre des leurs au glaive des Romains qui les poursuivaient. Leurs îles furent prises et ravagées parles Francs qui tuèrent une grande partie des habitants.

Le neuvième mois de cette année, il se fit un tremblement de terre.

Childéric conclut un traité avec Adovacre, et ils soumirent ensemble les Allemands qui avaient envahi une partie de l'Italie.

Euric, roi des Goths, dans la quatorzième année de son règne, créa Victor duc des sept Cités. Celui-ci, étant venu subitement en Auvergne, voulut ajouter la cité de Clermont à celles qu'il gouvernait déjà. Ce fut lui qui fit construire les chapelles souterraines qu'on voit encore aujourd'hui dans la basilique de saint Julien, ainsi que les colonnes qui sont placées dans l'église. Il fit bâtir la basilique de saint Laurent et de saint Germain, dans le bourg de Saint-Germain-de-Lambron. Il resta neuf ans en Auvergne. Il éleva des accusations calomnieuses contre le sénateur Enchérius. Après l'avoir fait mettre en prison, il l'en fit tirer de nuit, le fit attacher à une vieille muraille, et ordonna de la faire écrouler sur lui. Comme il était fort débauché, craignant d'être assassiné par les gens de l'Auvergne, il s'enfuit à Rome ; mais voulant y mener une vie aussi déréglée, il fut lapidé. Euric régna encore quatre ans après la mort de celui-ci (arrivée l'an 484); il mourut dans la vingt-septième (lisez dix-septième) année de son règne. Il y eut alors un grand tremblement de terre.

Namatius, évêque d'Auvergne, étant mort, fut remplacé par Éparchius, homme d'une grande sainteté et de beaucoup de foi.

A sa mort (en l'an 473), il fut remplacé par Sidoine, qui avait été préfet. C'était un homme très noble, selon la dignité du siècle, et un des premiers sénateurs des Gaules ; aussi avait-il obtenu en mariage la fille de l'empereur Avitus. De son temps, pendant que Victor, dont nous avons parlé ci-dessus, demeurait encore à Clermont, il y avait, dans le monastère de Saint-Cyr de cette même ville, un abbé, nommé Abraham, qui était animé de la foi et des vertus de ce premier patriarche, comme nous l'avons rapporté dans le livre de sa vie.

Pendant ce temps, comme le nom des Francs avait pénétré dans ce pays, et que tous désiraient qu'ils y portassent leur empire, saint Apruncule, évêque de la ville de Langres, commença à devenir suspect aux Bourguignons. La haine croissant de jour en jour contre lui, on ordonna de le faire périr en secret par le glaive. Apruncule en ayant eu connaissance, s'échappa pendant la nuit en se glissant le long du mur du château de Dijon, et se rendit en Auvergne où il devint le onzième évêque.

Pendant le pontificat de Sidoine, une grande famine désola la Bourgogne. Comme les peuples se dispersaient dans différents pays, et qu'aucun homme ne fournissait de nourriture aux pauvres, on rapporte qu'Ecdicius, sénateur et parent de Sidoine, mettant sa confiance en Dieu, fit alors une belle action. Pendant les ravages de la famine, il envoya ses domestiques avec des chevaux et des chars vers les villes voisines, pour qu'ils lui amenassent ceux qui souffraient de la disette. Ceux-ci l'ayant fait amenèrent à sa maison tous les pauvres qu'ils purent trouver. Là il les nourrit pendant tout le temps de la disette, et les empêcha de mourir de faim. Il y eut, comme beaucoup le rapportent, plus de quatre mille personnes des deux sexes. L'abondance étant revenue, Ecdicius les fit reconduire chacun dans son pays par le même moyen.

De son temps, Euric (Eoric ou Euvarex), roi des Goths, sortant des frontières d'Espagne, fit tomber dans les Gaules une cruelle persécution sur les Chrétiens. Il faisait décapiter tous ceux qui ne voulaient pas se soumettre à sa perverse hérésie, et plongeait les prêtres dans des cachots. Quant aux évêques, il envoyait les uns en exil, et faisait périr les autres. Il avait ordonné de barricader les portes des églises avec des épines, afin que l'absence du culte divin fît tomber en oubli la foi. La Gascogne (Novempopulanie) et les deux Aquitaines furent surtout en proie à ces ravages (vers l'an 467).

Le bienheureux Perpétuus (Perpétue), évêque de la ville de Tours, ayant passé trente ans dans l'épiscopat, s'endormit en paix; on mit à sa place Volusien, un des sénateurs. Mais étant devenu suspect aux Goths, il fut emmené captif en Espagne, dans la septième année de son pontificat ; il ne tarda pas à y mourir. Vérus lui succédant, fut le septième évêque depuis saint Martin.

Après ces événements, Childéric étant mort, son fils Clovis régna à sa place. Dans la cinquième année de son règne, Syagrius, roi des Romains et fils Ægidius, résidait dans la ville de Soissons, dont Ægidius s'était autrefois emparé, comme nous l'avons raconté plus haut. Clovis, ayant marché contre lui avec Ragnachaire, son parent, qui était aussi en possession d'un royaume, lui fit demander de choisir un champ de bataille. Celui-ci ne différa point, et ne craignit pas de lui résister. Le combat s'engagea donc (486). Syagrius, voyant son armée rompue, prit la fuite et se réfugia avec une extrême promptitude auprès du roi Marie, à Toulouse. Clovis envoya prier Marie de le remettre entre ses mains, disant qu'autrement, s'il le gardait, il lui déclarerait la guerre. Celui-ci, craignant de s'attirer la colère des Francs, car la crainte est ordinaire aux Goths, livra aux députés Syagrius chargé de fers. Clovis, l'ayant reçu, ordonna de le garder ; et, s'étant emparé de son royaume, il le fit égorger secrètement. Dans ce temps, l'armée de Clovis pilla un grand nombre d'églises, parce que ce prince était encore plongé dans un culte idolâtre. Des soldats avaient enlevé d'une église un vase d'une grandeur et d'une beauté étonnante, ainsi que le reste des ornements du saint ministère. L'évêque de cette église envoya vers lui des messagers pour lui demander que, s'il ne pouvait obtenir de recouvrer les autres vases, on lui rendit au moins celui-là. Le roi, ayant entendu ces paroles, dit au messager : Suis-moi jusqu'à Soissons, parce que c'est là qu'on partagera tout le butin ; et lorsque le sort m'aura donné ce vase, je ferai ce que demande le pontife. Étant arrivés à Soissons, on mit au milieu de la place tout le butin, et le roi dit : Je vous prie, mes braves guerriers, de vouloir bien m'accorder, outre ma part, ce vase que voici, en montrant le vase dont nous avons parlé ci-dessus. Les plus sages répondirent aux paroles du roi : Glorieux roi, tout ce que nous voyons est à toi : nous-mêmes nous sommes soumis à ton pouvoir. Fais donc ce qui te plaît ; car personne ne peut, résister à ta puissance. Lorsqu'ils eurent ainsi parlé, un guerrier présomptueux, jaloux et emporté, éleva sa francisque et en frappa le vase, s'écriant : Tu ne recevras de tout ceci rien que ce que te donnera vraiment le sort. A ces mots tous restèrent stupéfaits. Le roi cacha le ressentiment de cet outrage sous un air de patience. Il rendit au messager de l'évêque le vase qui lui était échu, gardant au fond du cœur fine secrète colère. Un an s'étant écoulé, Clovis ordonna à tous ses guerriers de venir au Champ-de-Mars revêtus de leurs armes, pour faire voir si elles étaient brillantes et en bon état. Tandis qu'il examinait tous les soldats en passant devant eux, il arriva auprès de celui qui avait frappé le vase, et lui dit : Personne n'a des armes aussi mal tenues que les tiennes, car ni ta lance, ni ton épée, ni ta hache, ne sont en bon état ; et lui arrachant sa hache, il la jeta à terre. Le soldat s'étant baissé un peu pour la ramasser, le roi levant sa francisque, la lui abattit sur la tête, en lui disant : Voilà ce que tu as fait au vase à Soissons. Celui-ci mort, il ordonna aux autres de se retirer. Cette action inspira pour lui une grande crainte. Il remporta beaucoup de victoires dans un grand nombre de guerres. Dans la dixième année de son règne, il fit la guerre aux gens de Tongres (en 491), et les soumit à son pouvoir.

Les Bourguignons avaient pour roi Gondeuch, de la race du roi persécuteur Athanaric, dont nous avons parlé plus haut. Il eut quatre fils, Gondebaud, Godégisile (Géodisèle), Chilpéric et Godomar. Gondebaud égorgea son frère Chilpéric ; et, ayant attaché une pierre au cou de sa femme, il la noya. Il condamna à l'exil les deux filles de Chilpéric. La plus âgée, ayant pris l'habit, s'appelait Chrona, et la plus jeune Clotilde. Clovis envoyant souvent des députés en Bourgogne, ceux-ci virent la jeune Clotilde. Témoins de sa beauté et de sa sagesse, et ayant appris qu'elle était du sang royal, ils dirent ces choses au roi Clovis. Celui-ci envoya aussitôt des députés à Gondebaud pour la lui demander en mariage. Gondebaud, craignant de le refuser, la remit entre les mains des députés qui, recevant la jeune fille, se hâtèrent de la mener au roi. Clovis, transporté de joie à sa vue, en fit sa femme (l'an 493). Il avait déjà d'une concubine un fils nommé Théodoric.

Clovis eut de la reine Clotilde un premier fils (l'an 494). La reine, voulant qu'il reçût le baptême, adressait sans cesse de pieux conseils au roi, disant : Les dieux que vous adorez ne sont rien, puisqu'ils ne peuvent se secourir eux-mêmes ni secourir les autres ; car ils sont de pierre, de bois ou de quelque métal. Les noms que vous leur avez donnés sont des noms d'hommes et non de dieux, comme Saturne qui, dit-on, pour ne pas être chassé du trône par son fils, s'échappa par la fuite ; comme Jupiter lui-même, honteusement souillé de tous les vices, qui a déshonoré tant de maris, outragé les femmes de sa propre famille, et qui n'a pu s'abstenir de concubinage avec sa propre sœur, puisqu'elle disait : Je suis la sœur et la femme de Jupiter. Qu'ont jamais pu Mars et Mercure ? Ils possèdent plutôt la science de la magie qu'une puissance divine. Le Dieu qu'on doit adorer est celui qui, par sa parole, a tiré du néant le ciel et la terre, la mer et toutes les choses qui y sont contenues ; qui a fait briller le soleil, et a orné le ciel d'étoiles ; qui a rempli les eaux de poissons, la terre d'animaux, et les airs d'oiseaux ; à l'ordre duquel la terre se couvre de plantes, les arbres de fruits et les vignes de raisins ; dont la main a produit le genre humain ; qui a donné enfin à l'homme son ouvrage avec toutes les créatures pour lui obéir et le servir. Ces paroles de la reine ne portaient nullement l'esprit du roi à la foi sainte, mais il disait : C'est par l'ordre de nos dieux que toutes choses sont créées et produites ; il est clair que votre Dieu, ne peut rien ; bien plus, il est prouvé qu'il n'est pas de la race des dieux.

Cependant la reine fidèle présenta son fils au baptême : elle fit décorer l'église de voiles et de tapisseries, pour que cette pompe attirât vers la foi catholique le roi que ses discours n'avaient pu toucher. L'enfant ayant été baptisé et appelé Ingomer, mourut dans la semaine même de son baptême. Le roi, aigri, de cette perte, faisait à la reine de vifs reproches, lui disant : Si l'enfant avait été consacré au nom de mes dieux, il vivrait encore ; mais, comme il a été baptisé au nom de votre Dieu, il n'a pu vivre. La reine lui répondit : Je rends grâces au puissant Créateur de toutes choses, qui ne m'a pas jugée indigne de voir associé à son royaume l'enfant né de mon sein. Cette perte n'a pas affecté mon âme de douleur, parce que je sais que les enfants que Dieu retire du monde, quand ils sont encore dans les aubes, sont nourris de sa vue. Elle engendra ensuite un second fils, qui reçut au baptême le nom de Chlodomir. Cet enfant étant tombé malade, le roi disait : Il ne peut lui arriver autre chose que ce qui est arrivé à son frère, c'est-à-dire qu'il meure aussitôt après avoir été baptisé au nom de votre Christ. Mais le Seigneur accorda la santé de l'enfant aux prières de sa mère (l'an 496).

La reine ne cessait de supplier le roi de reconnaître le vrai Dieu et d'abandonner les idoles ; mais rien ne put l'y décider, jusqu'à ce qu'une guerre s'étant engagée avec les Allemands, il fut forcé, par la nécessité, de confesser ce qu'il avait jusque-là voulu nier. Il arriva que les deux armées se battant avec un grand acharnement, celle de Clovis commençait à être taillée en pièces ; ce que voyant, Clovis éleva les mains vers le ciel, et le cœur touché et fondant en larmes, il dit : Jésus-Christ, que Clotilde affirme être Fils du Dieu vivant, qui, dit-on, donnes du secours à ceux qui sont en danger, et accordes la victoire à ceux qui espèrent en toi, j'invoque avec dévotion la gloire de ton secours : si tu m'accordes la victoire sur mes ennemis, et que je fasse l'épreuve de cette puissance dont le peuple, consacré à ton nom, dit avoir reçu tant de preuves, je croirai en toi, et me ferai baptiser en ton nom ; car j'ai invoqué mes dieux, et, comme je l'éprouve, ils se sont éloignés de mon secours ; ce qui me fait croire qu'ils ne possèdent aucun pouvoir, puisqu'ils ne secourent pas ceux qui les servent. Je t'invoque donc, je désire croire en toi ; seulement que j'échappe à mes ennemis. Comme il disait ces paroles, les Allemands, tournant le dos, commencèrent à se mettre en déroute ; et voyant que leur roi était mort, ils se rendirent à Clovis, en lui disant : Nous te supplions de ne pas faire périr notre peuple, car nous sommes à toi. Clovis, ayant arrêté le carnage et soumis le peuple rentra en paix dans son royaume, et raconta à la reine comment il avait obtenu la victoire en invoquant le nom du Christ.

Alors la reine manda en secret saint Remi, évêque de Reims, le priant de faire pénétrer dans le cœur du roi la parole du salut. Le pontife, ayant fait venir Clovis, commença à l'engager secrètement à croire au vrai Dieu, créateur du ciel et de la terre, et à abandonner ses idoles qui n'étaient d'aucun secours, ni pour elles-mêmes, ni pour les autres. Clovis lui dit : Très saint père, je t'écouterai volontiers ; mais il reste une chose, c'est que le peuple qui m'obéit ne veut pas abandonner ses dieux ; j'irai à eux et je leur parlerai d'après tes paroles. Lorsqu'il eut assemblé ses sujets, avant qu'il eût parlé, et par l'intervention de la puissance de Dieu, tout le peuple s'écria unanimement : Pieux roi, nous rejetons les dieux mortels, et nous sommes prêts à obéir au Dieu immortel que prêche saint Remi. On apporta cette nouvelle à l'évêque qui, transporté d'une grande joie, ordonna de préparer les fonts sacrés. On couvre de tapisseries peintes les portiques intérieurs de l'église, on les orne de voiles blancs ; on dispose les fonts baptismaux ; on répand des parfums, les cierges brillent de clarté, tout le temple est embaumé d'une odeur divine, et Dieu fit descendre sur les assistants une si grande grâce qu'ils se croyaient transportés au milieu des parfums du Paradis. Le roi pria le pontife de le baptiser le premier. Le nouveau Constantin s'avance vers le baptistère, pour s'y faire guérir de la vieille lèpre qui le souillait, et laver dans une eau nouvelle les tâches hideuses de sa vie passée. Comme il s'avançait vers le baptême, le saint de Dieu lui dit de sa bouche éloquente : Sicambre, abaisse humblement ton cou : adore ce que tu as brûlé, brûle ce que tu as adoré. Saint Remi était un évêque d'une grande science, et livré surtout à l'étude de la rhétorique ; il était si célèbre par sa sainteté qu'on égalait ses vertus à celles de saint Silvestre. Nous avons un livre de sa vie où il est dit qu'il ressuscita un mort.

Le roi, ayant donc reconnu la toute-puissance de Dieu dans la Trinité, fut baptisé au nom du Père, du Fils et du Saint-Esprit, et oint du saint chrême avec le signe de la croix ; plus de trois mille hommes de son armée figent baptisés. On baptisa aussi sa sœur Alboflède, qui, quelque temps après, alla joindre le Seigneur. Comme le roi était affligé de cette perte, saint Remi lui envoya, pour le consoler, une lettre qui commençait ainsi : Je suis affligé autant qu'il faut de la cause de votre tristesse, la mort de votre sœur Alboflède, d'heureuse mémoire ; mais nous pouvons nous consoler, car elle est sortie de ce monde plus digne d'envie que de pleurs. L'autre sœur de Clovis, nommée Lantéchilde, qui était tombée dans l'hérésie des Ariens, se convertit ; et ayant confessé que le Fils et le Saint-Esprit étaient égaux au Père, elle fut rebaptisée.

Gondebaud et Godégisile son frère occupaient le royaume des Bourguignons, situé aux environs du Rhône et de la Saône, et la province de Marseille. Ils adhéraient, ainsi que leurs sujets, à la secte des Ariens. Une guerre s'étant engagée entre eux, Godégisile, instruit des victoires du roi Clovis, lui envoya secrètement des députés pour lui dire que, s'il lui fournissait du secours pour faire la guerre (l'an 500) à son frère et qu'il pût tuer celui-ci ou le renverser du trône, il lui paierait tous les ans le tribut qu'il voudrait exiger. Clovis y consentit volontiers, et lui promit de lui fournir du secours partout où il en aurait besoin. Au temps marqué, Clovis se mit en marche avec son armée contre Gondebaud. A cette nouvelle, Gondebaud, ignorant la ruse de son frère, fit dire à celui-ci : Viens à mon secours, car les Francs marchent contre nous, et viennent dans notre pays pour s'en emparer : soyons donc d'accord pour repousser une nation ennemie, de peur que, séparés, nous n'éprouvions le même sort que les autres peuples. Celui-ci lui répondit : J'irai avec mon armée, et je te fournirai du secours. Les trois armées, c'est-à-dire celle de Clovis contre celles de Gondebaud et de Godégisile, s'étant mises en marche avec tout leur appareil de guerre, elles arrivèrent auprès du fort nommé Dijon. En étant venus aux mains près la rivière d'Ouche, Godégisile se joignit à Clovis, et leurs armées réunies taillèrent en pièces celle de Gondebaud. Celui-ci, voyant la perfidie de son frère qu'il n'avait pas soupçonnée, tourna le dos et prit la fuite. Ayant parcouru les bords du Rhône et les marais qui l'avoisinent, il entra dans la ville d'Avignon. Godégisile ayant donc remporté la victoire, après avoir promis à Clovis quelque partie de ses états, se retira en paix, et entra en triomphe dans Vienne, comme s'il était déjà possesseur de tout le royaume. Clovis, ayant encore augmenté ses forces, se mit à la poursuite de Gondebaud pour l'arracher de la ville et le faire périr. A cette nouvelle, Gondebaud, saisi d'épouvante, craignit qu'une mort soudaine ne vînt le frapper. Il avait avec lui un homme célèbre, nommé Aridius, courageux et sage. L'ayant fait venir, il lui dit : De tous côtés je suis entouré d'embûches, et ne sais ce que je dois faire, parce que ces barbares viennent sur nous pour nous tuer et ravager ensuite notre pays. Aridius lui répondit : Il faut, pour ne pas périr, que vous apaisiez la férocité de cet homme. Maintenant, si cela vous plaît, je feindrai de vous fuir et de passer vers lui ; et lorsque je me serai réfugié vers lui, je ferai en sorte qu'il ne détruise ni vous ni cette contrée. Veuillez seulement lui accorder, ce qu'il vous demandera par mon conseil, jusqu'à ce que la clémence du Seigneur daigne faire prospérer votre cause. Et Gondebaud lui dit : Je ferai ce que tu auras demandé. Après ces mots, Aridius prit congé, du roi et s'éloigna. Étant arrivé, vers le roi, Clovis, il lui dit : Voilà que moi, ton humble esclave, très pieux roi, je viens me livrer en ta puissance, abandonnant le misérable Gondebaud. Si ta clémence daigne jeter les yeux sur moi, tu verras en moi un serviteur intègre et fidèle pour toi et tes successeurs. Le roi l'ayant aussitôt reçu, le garda avec lui ; car il était enjoué dans ses récits, sage dans les conseils, juste dans ses jugements, et fidèle dans ce qu'on lui confiait. Clovis ayant campé avec son armée sous les murs de la ville, Aridius lui dit : Si la gloire de ta grandeur, ô roi, daigne accueillir les petits conseils de ma faiblesse, quoique tu n'aies pas besoin d'avis, je te les donnerai avec une entière fidélité, et ils pourront être utiles et à toi, et au pays que tu te proposes de traverser. Pourquoi retiens-tu ton armée, lorsque ton ennemi est, dans un lieu très fortifié ? Tu désoles les campagnes, tu ravages les prés, tu coupes les vignes, tu abats les oliviers ; enfin, tu détruis toutes les productions du pays, et tu ne peux cependant lui faire aucun mal. Envoie-lui plutôt des députés, et impose-lui un tribut qu'il te payera tous les ans ; de cette manière, la contrée sera délivrée, et tu seras toujours le maître de celui qui te payera un tribut. Si Gondebaud n'y consent pas, tu agiras alors comme il te plaira. Le roi ayant accueilli ce conseil, ordonna à ses guerriers de retourner chez eux. Ayant donc envoyé une députation à Gondebaud, il lui prescrivit de lui payer exactement tous les ans le tribut qu'il lui imposait. Gondebaud le paya sur le champ, et promit d'en faire autant par la suite.

Après cela, Gondebaud ayant repris des forces, et négligeant déjà de payer au roi Clovis le tribut qu'il lui avait promis, fit marcher une armée contre Godégisile, son frère, et l'assiégea dans la ville de Vienne. Dès que les vivres commencèrent à manquer au bas peuple, Godégisile craignant que la disette ne s'étendît jusqu'à lui, fit chasser de la ville tous les pauvres gens. Cela fait, parmi ceux qui furent renvoyés se trouva un ouvrier de la ville à qui était confié le soin des aqueducs. Irrité d'avoir été renvoyé avec les autres, il alla, tout furieux, trouver Gondebaud et lui indiqua par quel endroit il pourrait envahir la ville pour se venger de son frère. S'étant mis à la tête de l'armée, l'ouvrier dirigea par l'aqueduc les troupes, précédées d'un grand nombre d'hommes armés de leviers de fer. Il y avait un soupirail bouché par une grosse pierre ; quand on l'eut renversée au moyen des leviers, et sous la direction de l'ouvrier, ils entrèrent dans la ville, et surprirent par-derrière les soldats qui lançaient des flèches du haut des remparts. Ayant sonné de la trompette au milieu de la ville, les assiégeants s'emparent des portes, et les ayant ouvertes, ils se précipitent tous ensemble dans les rues, tandis qu'au milieu de ces deux armées le peuple était massacré des deux côtés. Godégisile se réfugia dans l'église des hérétiques, où il fut tué avec l'évêque arien. Les Francs qui étaient, dans ce temps, auprès de Godégisile, se retirèrent tous dans une seule tour.

Gondebaud ayant ordonné qu'on ne leur fît aucun mal, les fit prisonniers, et les envoya en exil à Toulouse, auprès du roi Marie. Il fit ensuite périr les sénateurs et les Bourguignons du parti de Godégisile. Il remit sous sa domination tout le pays qu'on nomme actuellement la Bourgogne. Il y institua des lois plus douces, pour qu'on n'opprimât pas les Romains.

Ayant reconnu la fausseté des assertions des hérétiques, après avoir confessé que le Christ, fils de Dieu, et le Saint-Esprit sont égaux au Père, Gondebaud alla en secret demander à saint Avitus, évêque de Vienne, d'être rebaptisé. Le pontife lui, dit : *Quiconque me confessera et me reconnaîtra devant les hommes, je le reconnaîtrai aussi moi-même devant mon père qui est aux cieux* ; *et quiconque me renoncera devant les hommes, je le renoncerai aussi moi-même devant mon Père qui est dans les cieux.* Ainsi parlait le Seigneur à ses saints chéris et aux bienheureux apôtres, lorsqu'il leur annonçait les épreuves de persécution qu'ils auraient à subir, leur disant : *Donnez-vous de garde des hommes, car ils vous feront comparaître dans leurs assemblées, et ils vous feront fouetter dans leurs synagogues* ; *et vous serez présentés, à cause de moi, aux gouverneurs et aux rois, pour leur servir de témoignage aussi bien qu'aux nations.* Mais vous qui êtes roi, et n'avez pas peur qu'on vous saisisse, vous craignez la révolte du peuple, et me confessez pas le Créateur en présence de tous ! Laissez là cette folle erreur ; et ce que vous dites croire dans votre cœur, prononcez-le de bouche au milieu du peuple. Un saint apôtre dit : *Il faut croire de cœur pour être justifié, et confesser sa foi par ses paroles pour être sauvé.* Le prophète dit aussi : *Je publierai vos louanges, Seigneur, dans une grande assemblée ; je vous louerai au milieu d'un peuple très nombreux.* Et aussi : *Je chanterai et je ferai retentir vos louanges sur les instruments.* Tu crains le peuple, ô roi ! tu ignores donc qu'il doit suivre ta foi, et que tu ne dois point remontrer favorable à ses faiblesses ; car tu es le chef du peuple, et le peuple n'est pas ton chef. Si tu vas à la guerre, tu es à la tête des guerriers, et ils te suivent où tu veux les mener. Il vaut mieux que, marchant à ta suite, ils connaissent la vérité, que si, après ta mort, ils demeuraient dans l'erreur, car on ne se joue pas de Dieu ; et il n'aime pas celui qui, pour un royaume terrestre, ne le confesse pas dans ce monde. Confus de tant de sagesse, Gondebaud persista cependant, jusqu'à la fin de sa vie, dans cette folle conduite, et ne voulut jamais confesser publiquement l'égalité de la Trinité. Le bienheureux Avitus était alors un homme d'une grande éloquence. Les hérésies commençant à s'élever dans la ville de Constantinople, tant celle qu'enseignait Eutychès que celle de Sabellius, et qui soutenaient toutes deux qu'il n'y a rien de divin dans Notre-Seigneur, il écrivit, à la demande du roi Gondebaud, contre ces coupables erreurs. Il nous reste encore de lui des lettres admirables, qui édifient à présent l'église de Dieu, comme autrefois elles confondirent l'hérésie. Il a composé un livre d'homélies sur l'origine du monde, six livres arrangés en vers sur divers autres sujets, et neuf livres de lettres qui contiennent celles dont nous venons de parler. Il rapporte, dans une homélie sur les Rogations, que ces mêmes Rogations que nous célébrons avant le triomphe de l'ascension du Seigneur, furent instituées par Mamertus, évêque de Vienne, dont Avitus était alors lui-même le pontife, à l'occasion d'un grand nombre de prodiges qui épouvantaient cette ville. Il y avait souvent des tremblements de terre, et les loups et autres bêtes féroces, entrant par les portes, erraient, sans rien craindre, par toute la ville. Comme ces choses se passaient dans le cours de l'année, l'arrivée de la fête de Pâques fit espérer au peuple fidèle que la miséricorde de Dieu mettrait, le jour de cette grande solennité, un terme à leur épouvante. Mais la veille même de cette glorieuse nuit, pendant qu'on célébrait les cérémonies de la messe, tout à coup le palais royal, situé dans la ville, fut embrasé du feu divin. Tous furent saisis de terreur, et abandonnèrent l'église, craignant que cet incendie ne consumât toute la ville, et que la terre ébranlée ne s'entrouvrît. Le saint évêque, prosterné devant l'autel, supplia, en gémissant et pleurant, la miséricorde de Dieu. Que dirai-je ? la prière de l'illustre pontife pénétra jusqu'aux cieux, et le fleuve de larmes qu'il répandait éteignit l'incendie du palais. Pendant que ces choses se passaient, le jour de l'ascension du Seigneur approchant, comme nous l'avons dit plus haut, il prescrivit un jeûne aux peuples, et régla la forme des prières, l'ordre des lectures pieuses, ainsi que la manière de célébrer les Rogations. Tous les sujets d'épouvante s'étant alors dissipés, la nouvelle de ce fait se répandit dans toutes les provinces, et porta tous les évêques à imiter ce qu'avait inspiré à Mamertus sa profonde foi. On célèbre encore aujourd'hui, au nom de Jésus-Christ, ces cérémonies dans toutes les églises, avec componction du cœur et contrition d'esprit.

Alaric, roi des Goths, voyant les conquêtes continuelles que faisait Clovis, lui envoya des députés pour lui dire : Si mon frère y consent, j'ai dessein que nous ayons une entrevue sous les auspices de Dieu.

Clovis, y consentant, alla vers lui. S'étant joints dans une île de la Loire, située auprès du bourg d'Amboise, sur le territoire de la cité de Tours, ils conversèrent, mangèrent et burent ensemble ; après s'être promis amitié, ils se retirèrent en paix.

Beaucoup de gens, dans toutes les Gaules, désiraient alors extrêmement être soumis à la domination des Francs. Il arriva que Quintien, évêque de Rodez, haï pour ce sujet, fut chassé de la ville. On lui disait : C'est parce que ton vœu est que la domination des Francs s'étende sur ce pays. Peu de jours après, une querelle s'étant élevée entre lui et les citoyens, les Goths, qui habitaient cette ville, ressentirent de violeras soupçons ; car ces citoyens reprochaient à Quintien de vouloir les soumettre aux Francs ; et, ayant tenu conseil,, ils résolurent de le tuer. L'homme de Dieu, en ayant été instruit, se leva pendant la nuit avec ses plus fidèles ministres, et, sortant de la ville de Rodez, il se retira en Auvergne, où l'évêque saint Euphrasius, qui avait succédé à Apruncule de Dijon, le reçut avec bonté, et lui ayant fait présent de maisons, de champs et de vignes, le garda avec lui , disant : Le revenu de cette église est assez considérable pour nous entretenir tous deux ; que la charité que recommande le saint apôtre reste au moins entre les pontifes de Dieu. L'évêque de Lyon lui fit aussi présent de quelques propriétés de son église, situées dans l'Auvergne. Ce qui concerne saint Quintien et les maux qu'il souffrit, aussi bien que les choses que Dieu daigna accomplir par ses mains, se trouve raconté dans le livre de sa vie.

Le roi Clovis dit à ses soldats (l'an 507) : Je supporte avec grand chagrin que ces Ariens possèdent une partie des Gaules. Marchons avec l'aide de Dieu, et, après les avoir vaincus, réduisons le pays en notre pouvoir. Ce discours ayant plu à tous les guerriers, l'armée se mit en marche et se dirigea vers Poitiers ; là se trouvait alors Alaric. Mais comme une partie de l'armée passait sur le territoire de Tours, par respect pour saint Martin, Clovis donna l'ordre que personne ne prît dans ce pays autre chose que des légumes et de l'eau. Un soldat de l'armée s'étant emparé du foin d'un pauvre homme, dit : Le roi ne nous a-t-il pas recommandé de ne prendre que de l'herbe et rien autre chose ? Et bien, c'est de l'herbe. Nous n'aurons pas transgressé ses ordres si nous la prenons. Et ayant fait violence au pauvre, il lui arracha son foin par force. Ce fait parvint aux oreilles du roi Ayant aussitôt frappé le soldat de son épée, il dit : Où sera l'espoir de la victoire, si nous offensons saint Martin ? Ce fut assez pour empêcher l'armée de rien prendre dans ce pays. Le roi renvoya des députés à la basilique du saint, leur disant : Allez, et vous trouverez peut-être dans le saint temple quelque présage de la victoire. Après leur avoir donné des présents pour orner le lieu saint, il ajouta : Seigneur, si vous êtes mon aide, et si vous avez résolu de livrer en mes mains cette nation incrédule et toujours ennemie de votre nom, daignez me faire voir votre faveur à l'entrée de la basilique de saint Martin, afin que je sache si vous daignerez être favorable à votre serviteur. Les envoyés s'étant hâtés arrivèrent à la sainte basilique, selon l'ordre du roi ; au moment où ils entraient, le premier chantre entonna tout à coup cette antienne : *Seigneur, vous m'avez revêtu de force pour la guerre, et vous avez abattu sous moi ceux qui s'élevaient contre moi, et vous avez fait tourner le dos à mes ennemis devant moi, et vous avez exterminé ceux qui me haïssaient.* Ayant entendu ce psaume, et rendu grâce à Dieu, ils présentèrent les dons au saint confesseur, et allèrent pleins de joie annoncer au roi ce présage. L'armée étant arrivée sur les bords de la Vienne, on ignorait entièrement dans quel endroit il fallait passer ce fleuve, car il était enflé par une inondation de pluie. Pendant la nuit le roi ayant prié le Seigneur de vouloir bien lui montrer un gué par où l'on pût passer, le lendemain matin, par l'ordre de Dieu, une biche d'une grandeur extraordinaire entra dans le fleuve aux yeux de l'armée, et passant à gué, montra par où on pouvait traverser. Arrivé sur le territoire de Poitiers, le roi se tenait dans sa tente sur une élévation ; il vit de loin un feu qui sortait de la basilique de saint Hilaire, et semblait voler vers lui, comme pour indiquer qu'aidé de la lumière du saint confesseur Hilaire, le roi triompherait plus futilement de ces bandes hérétiques, contre qui le pontife lui-même avait souvent soutenu la foi. Clovis défendit a toute l'armée de dépouiller personne ou de piller le bien de qui que ce soit dans cet endroit ou dans la route.

Il y avait dans ce temps un homme d'une admirable sainteté, l'abbé Maxence, renfermé par la crainte de Dieu dans son monastère situé dans le territoire de Poitiers. Nous n'indiquons pas au lecteur le nom de ce monastère, parce que cet endroit s'appelle encore aujourd'hui la chapelle de Saint-Maixent ; les moines, voyant qu'un corps de troupes s'avançait vers le monastère, prièrent leur abbé de sortir de sa cellule pour les exhorter à se retirer. Effrayés de ce qu'il tardait, ils ouvrirent la porte et le firent sortir de la cellule. Maxence marcha courageusement au-devant de la troupe, comme pour demander la paix ; un soldat avait tiré son épée pour lui trancher la tête, mais sa main qu'il avait levée jusques auprès de son oreille, se raidit tout à coup et l'épée tomba en arrière. Le soldat, se prosternant aux pieds du saint homme, lui demanda pardon. A cette vue, les autres, saisis d'une brande terreur, retournèrent à l'armée craignant de subir le même sort. Le saint confesseur ayant touché le bras du soldat avec de l'huile bénite, et fait le signe de la croix, lui rendit la santé ; ainsi sa protection préserva le monastère de tout outrage. Il fit encore un grand nombre d'autres miracles. Si quelqu'un est curieux de s'en instruire, il les trouvera tous en lisant le livre de sa vie. C'était la vingt-cinquième année de Clovis.

Cependant Clovis en vint aux mains avec Alaric, roi des Goths, dans le champ de Vouglé à trois lieues de la ville de Poitiers. Les Goths ayant pris la fuite selon leur coutume, le roi Clovis, aidé de Dieu, remporta la victoire ; il avait pour allié le fils de Sigebert Claude, nommé Chlodéric. Ce Sigebert boitait d'un coup qu'il avait reçu au genou à la bataille de Tolbiac contre les Allemands. Le roi, après avoir mis les Goths en fuite et tué leur roi Alaric, fut tout à coup surpris par derrière, par deux soldats qui lui portèrent des coups de lance sur les deux côtés. Mais la bonté de sa cuirasse et la légèreté de son cheval le préservèrent de la mort. Il périt dans cette bataille un grand nombre d'Auvergnats qui étaient venus avec Apollinaire, ainsi que les premiers des sénateurs. Après le combat, Amalaric, fils d'Alaric, s'enfuit en Espagne et gouverna avec sagesse le royaume de son père. Clovis envoya, son fils Théodoric en Auvergne par Albi et Rodez ; celui-ci soumit à son père toutes les villes depuis la frontière des Goths jusqu'à celle des Bourguignons. Alaric avait régné vingt-deux ans. Clovis après avoir passé l'hiver dans la ville de

Bordeaux et emporté de Toulouse tous les trésors d'Alaric, marcha sur Angoulême. Le Seigneur lui accorda une si grande grâce qu'à sa vue les murs s'écroulèrent d'eux-mêmes. Après en avoir chassé les Goths, il soumit la ville à son pouvoir ; ayant ainsi complété sa victoire ; il rentra dans Tours et offrit un grand nombre de présents à la sainte basilique du bienheureux Martin (l'an 508).

Clovis ayant reçu de l'empereur Anastase des lettres de consul, fut revêtu, dans la basilique de Saint Martin, de la tunique de pourpre et de la chlamyde, et posa la couronne sur sa tête. Ensuite, étant monte à cheval, il jeta de sa propre main, avec une extrême bienveillance, de l'or et de l'argent au peuple assemblé sur le chemin qui est entre la porte du vestibule de la basilique de Saint-Martin et l'église de la ville, et, depuis ce jour, il fait appelé consul ou Auguste. Ayant quitté Tours il vint a Paris et y fixa le siège de son empire. Théodoric vint l'y trouver.

A la mort d'Eustoche, évêque de Tours, Licinius fut créé le neuvième évêque de cette ville depuis saint Martin. C'est de son temps qu'eut lieu la guerre dont nous venons de parler, et que le roi Clovis vint à Tours. On rapporte que cet évêque voyagea dans l'Orient ; visita les lieux saints, alla même à Jérusalem, et qu'il contempla souvent le théâtre de la passion et de la résurrection de Notre Seigneur, que nous lisons dans l'Évangile.

Le roi Clovis, pendant son séjour à Paris (l'an 509), envoya en secret au fils de Sigebert, lui faisant dire : Voilà que ton père est âgé, et, il boite de son pied malade ; s'il venait à mourir, son royaume t'appartiendrait de droit ainsi que notre amitié. Séduit par cette ambition, Chlodéric forma le projet de tuer son père. Sigebert, étant sorti de la ville de Cologne, et ayant passé le Rhin pour se promener dans la forêt de Buconia, s'endormit à midi dans sa tente ; son fils envoya contre lui des assassins et le fit tuer, dans l'espoir qu'il posséderait son royaume. Mais, par le jugement de Dieu, il tomba dans la fossé qu'il avait méchamment creusée pour son père. Il envoya au roi Clovis des messagers pour lui annoncer la mort de son père et lui dire : Mon père est mort, et j'ai en mon pouvoir ses trésors et son royaume. Envoie-moi quelques-uns des tiens, et je leur remettrai volontiers ceux des trésors qui te plairont. Clovis lui répondit : Je rends grâces à ta bonne volonté, et je te prie de montrer tes trésors à mes envoyés, après quoi tu les posséderas tous. Chlodéric montra donc aux envoyés les trésors de son père. Pendant qu'ils les examinaient, le prince dit : C'est dans ce coffre que mon père avait coutume d'amasser ses pièces d'or. Ils lui dirent : Plongez votre main jusqu'au fond pour trouver tout. Lui l'ayant fait et s'étant tout à fait baissé, un des envoyés leva sa francisque et lui brisa le crâne. Ainsi cet indigne fils subit la mort dont il avait frappé son père. Clovis, apprenant que Sigebert et son fils étaient morts, vint dans cette même ville, et ayant convoqué tout le peuple il lui dit : Écoutez ce qui est arrivé. Pendant que je naviguais sur le fleuve de l'Escaut, Chlodéric, fils de mon parent, tourmentait son père en lui disant que je voulais le tuer. Comme Sigebert fuyait à travers la forêt de Buconia, Chlodéric a envoyé contre lui des meurtriers qui l'ont mis à mort ; lui-même a été assassiné, je ne sais par qui, au moment où il ouvrait les trésors de son père. Je ne suis nullement complice de ces choses. Je ne puis répandre le sang de mes parents, car cela est défendu ; mais, puisque ces choses sont arrivées, je vous donne un conseil, s'il vous est agréable, acceptez-le. Ayez recours à moi, mettez-vous sous ma protection. Le peuple répondit à ces paroles par des applaudissements de main et de bouche, et, l'ayant élevé sur un bouclier, ils le créèrent leur roi. Clovis reçut donc le royaume et les trésors de Sigebert et les ajouta à sa domination. Chaque jour Dieu faisait tomber ses ennemis sous sa main et augmentait son royaume, parce qu'il marchait le cœur droit devant le Seigneur et faisait les choses qui sont agréables à ses yeux.

Il marcha ensuite contre le roi Chararic. Dans la guerre contre Syagrius, Clovis l'avait appelé à son secours ; mais Chararic se tint loin de lui et ne secourut aucun parti, attendant l'issue du combat pour faire alliance avec celui qui remporterait la victoire. Indigné de cette action, Clovis s'avança contre lui, et, l'ayant entouré de pièges, le fit prisonnier avec son fils, et les fit tondre tous deux, enjoignant que Chararic fût ordonné prêtre et son fils diacre. Comme Chararic s'affligeait de son abaissement et pleurait, on rapporte que son fils lui dit : Ces branches ont été coupées d'un arbre vert et vivant, il ne se sèchera point, et en poussera rapidement de nouvelles. Plaise à Dieu que celui qui a fait ces choses ne tarde pas davantage à mourir ! Ces paroles parvinrent aux oreilles de Clovis, qui crut qu'ils le menaçaient de laisser croître leur chevelure et de le tuer ; il ordonna alors qu'on leur tranchât la tête à tous deux. Après leur mort, il s'empara de leur royaume, de leurs trésors et de leurs sujets.

Il y avait alors à Cambrai lui roi nommé Ragnachaire, si effréné dans ses débauches qu'à peine épargnait-il ses proches parents eux-mêmes. Il avait un conseiller nommé Farron, qui se souillait de Semblables dérèglements. On rapporta que lorsqu'on apportait au roi quelque mets ou quelque don, ou quelque objet que ce soit, il avait coutume de dire que c'était pour lui et son Farron, ce qui excitait chez les Francs une indignation extrême. Il arriva que Clovis ayant fait faire des bracelets et des baudriers de faux or (car c'était seulement du cuivre doré), les donna aux Leudes de Ragnachaire pour les exciter contre lui. Il marcha ensuite contre lui avec son armée. Ragnachaire avait des espions pour reconnaître ce qui se passait. Il leur demanda, quand ils furent de retour, quelle pouvait être la force de cette armée. Ils lui répondirent : C'est un renfort très considérable pour toi et ton Farron. Mais Clovis étant arrivé lui fit la guerre. Ragnachaire voyant son armée défaite, se préparait à prendre la fuite lorsqu'il fut arrêté par les soldats, et amené, avec son frère Richaire, les mains liées derrière le dos, en présence de Clovis. Celui-ci lui dit : Pourquoi as-tu fait honte à notre famille en te laissant enchaîner ? il te valait mieux mourir ; et ayant levé sa hache, il la lui rabattit sur la tête. S'étant ensuite tourné vers son frère il lui dit : Si tu avais porté du secours à ton frère, il n'aurait pas été enchaîné ; et il le frappa de même de sa hache. Après leur mort, ceux qui les avaient trahis reconnurent que l'or qu'ils avaient reçu du roi était faux. L'ayant dit au roi, on rapporte qu'il leur répondit : Celui qui, de sa propre volonté, traîne son maître à la mort, mérite de recevoir un pareil or ; ajoutant qu'ils devaient se contenter de ce qu'on leur laissait la vie, s'ils ne voulaient pas expier leur trahison dans les tourments. A ces paroles, eux voulant obtenir sa faveur, lui assurèrent qu'il leur suffisait qu'il les laissât vivre. Les rois dont nous venons de parler étaient les parents de Clovis. Renomer fut tué par son ordre dans la ville du Mans. Après leur mort, Clovis recueillit leurs royaumes et tous leurs trésors. Ayant tué de même beaucoup d'autres rois, et ses plus proches parents, dans la crainte qu'ils ne lui enlevassent l'empire, il étendit son pouvoir dans toute la Gaule. On rapporte cependant qu'ayant un jour assemblé ses sujets, il parla ainsi de ses parents qu'il avait lui-même fait périr : Malheur à moi qui suis resté comme un voyageur parmi des étrangers, n'ayant pas de parents qui puissent me secourir si l'adversité venait ! Mais ce n'était pas qu'il s'affligeât de leur mort ; il parlait ainsi seulement par ruse et pour découvrir s'il avait encore quelque parent afin de le faire tuer.

Toutes ces choses s'étant passées ainsi, Clovis mourut à Paris, où il fut enterré dans la basilique des saints apôtres, qu'il avait lui-même fait construire avec la reine Clotilde. Il mourut cinq ans après la bataille de Vouglé. Son règne avait duré trente ans, et sa vie quarante-cinq. On compte cent douze années depuis la mort de saint Martin jusqu'à celle du roi Clovis, arrivée la onzième année du pontificat de Licinius, évêque de Tours. La reine Clotilde, après la mort de son mari, vint à Tours, et là, s'établissant dans la basilique de Saint-Martin, elle y vécut jusqu'à la fin de ses jours, pleine de vertus et de bonté, et visitant rarement Paris.

IV

Après la mort de Clovis, ses quatre fils, Théodoric, Chlodomir, Childebert et Clotaire, prirent possession de son royaume, et se le partagèrent également. Théodoric avait déjà un fils brave et vaillant, nommé Théodebert. Comme ils étaient puissants en courage, et avaient l'appui d'une nombreuse armée, Amalaric, fils d'Alaric, roi d'Espagne, rechercha leur sœur en mariage ; ils voulurent bien la lui accorder, et la lui envoyèrent dans le pays d'Espagne avec une grande quantité de magnifiques joyaux.

Après cela les Danois vinrent par mer dans les Gaules avec leur roi Chlochilaïc; étant descendus à terre (en 515), ils ravagèrent un des pays du royaume de Théodoric, réduisirent les habitants en captivité, et ayant chargé sur leurs vaisseaux les captifs et le reste de leur butin, ils se préparaient à s'en retourner dans leur pairie ; mais comme leur roi demeurait sur le rivage pour s'embarquer le dernier, lorsque ses vaisseaux prendraient la haute mer, Théodoric, qui avait été averti que des étrangers dévastaient son royaume, envoya en ce lieu son fils Théodebert, avec une vaillante troupe de gens de guerre, et puissamment armés. Le roi Chlochilaïc fut tué, et Théodebert, après avoir vaincu les ennemis dans un combat naval, fit remettre à terre tout le butin.

Cependant trois frères, Baderic, Hermanfried et Berthaire, tenaient le royaume des Thuringiens. Hermanfried se rendit, par la force, maître de son frère Berthaire et le tua. Celui-ci laissa orpheline en mourant sa fille Radegonde, il laissa aussi des fils. Hermanfried avait une femme méchante et cruelle, nommée Amalaberge, qui semait la guerre civile entre les frères. Un jour son mari, se rendant au banquet, trouva seulement la moitié de la table couverte, et comme il demandait à sa femme ce que cela voulait dire : Il convient, dit-elle, que celui qui se contente de la moitié d'un royaume, ait la moitié de sa table vide. Excité par ces paroles et d'autres semblables, Hermanfried s'éleva contre son frère, et envoya secrètement des messagers au roi Théodoric, pour l'engager à l'attaquer, disant : Si tu le mets à mort, nous partagerons par moitié ce pays. Celui-ci, réjoui de ce qu'il entendait, marcha vers Hermanfried avec son armée ; ils s'allièrent en se donnant mutuellement leur foi, et partirent pour la guerre. En étant venus aux mains avec Baderic, ils écrasèrent son armée, le firent tomber sous le glaive, et après la victoire, Théodoric retourna dans ses possessions. Mais ensuite Hermanfried, oubliant sa foi, négligea d'accomplir ce qu'il avait promis au roi Théodoric, de sorte qu'il s'éleva entre eux une grande inimitié.

Gondebaud étant mort, son fils Sigismond fut mis en possession de son royaume (en 517), et édifia avec une soigneuse industrie le monastère de Saint-Maurice, où il construisit des bâtiments d'habitation et une basilique. Après avoir perdu sa première femme, fille de Théodoric, roi d'Italie, dont il avait eu un fils nommé Sigeric, il en épousa une autre qui, selon l'ordinaire des belles-mères, commença à prendre son fils très fort en haine, et à élever des querelles avec lui. Il arriva qu'en un jour de cérémonie, le jeune homme, reconnaissant sur elle des vêtements de sa mère, lui dit, irrité de colère : Tu n'étais pas digne de porter sur tes épaules ces habits que l'on sait avoir appartenu à ma mère ta maîtresse. Elle alors transportée de fureur, excita son mari par des paroles trompeuses, en lui disant : Ce méchant aspire à posséder ton royaume, et quand il t'aura tué, il compte l'étendre jusqu'à l'Italie, afin de posséder à la fois le royaume de son aïeul Théodoric en Italie et celui-ci. Il sait bien que, tant que tu vivras, il ne peut accomplir ce dessein, et que si tu ne tombes, il ne saurait s'élever. Poussé par ce discours et d'autres du même genre, et prenant conseil de sa cruelle épouse, Sigismond devint un cruel parricide, car voyant l'après-midi son fils appesanti par le vin, il l'engagea à dormir ; et pendant son sommeil, on lui passa derrière le cou un mouchoir, qu'on lia au-dessous du menton ; deux domestiques le tirèrent à eux chacun de son côté, et ils l'étranglèrent (en 522). Aussitôt que cela fut fait, le père, déjà touché de repentir, se jeta sur le cadavre inanimé de son fils, et commença à pleurer amèrement. Sur quoi, à ce qu'on a rapporté, un vieillard lui dit : Pleure désormais sur toi qui, par de méchants conseils, es devenu un très barbare parricide ; car pour celui-ci que tu as fait périr innocent, il n'a pas besoin qu'on le pleure. Cependant Sigismond s'étant rendu à Saint-Maurice y demeura un grand nombre de jours dans le jeûne et les larmes, à prier pour obtenir son pardon ; il y fonda un chant perpétuel, et retourna à Sion, la vengeance divine le poursuivant pas à pas. Le roi Théodoric épousa sa fille (Suavegothe).

La reine Clotilde parla cependant à Clodomir et à ses autres fils, et leur dit : Que je n'aie pas à me repentir, mes très chers enfants, de vous avoir nourris avec tendresse ; soyez, je vous prie, indignés de mon injure, et mettez l'habileté de vos soins à venger la mort de mon père et de ma mère. Eux, ayant entendu ces paroles, marchèrent vers la Bourgogne, et se dirigèrent contre Sigismond et son frère Gondemar. Vaincu par leur armée, Gondemar tourna le dos ; mais Sigismond, cherchant à se réfugier au monastère de Saint-Maurice, fut pris avec sa femme et ses fils par Clodomir (en 523), qui, les ayant conduits dans la ville d'Orléans, les y retint prisonniers. Les rois s'étant éloignés, Gondemar reprit courage, rassembla les Bourguignons, et recouvra son royaume. Clodomir, se disposant à marcher de nouveau contre lui, résolut de faire mourir Sigismond. Le bienheureux Avitus, abbé de Saint-Mesmin (de Mici), prêtre renommé de ce temps, lui dit : Si, dans la crainte de Dieu, tu te ranges à de meilleurs conseils, et ne souffres pas qu'on tue ces gens-là, Dieu sera avec toi, et là où tu vas, tu obtiendras la victoire ; mais, si tu les fais mourir, tu périras de même, livré entre les mains de tes ennemis, et il en sera fait de ta femme et de tes fils comme tu feras de la femme et des enfants de Sigismond. Mais le roi méprisant son avis, lui dit : Je regarde comme la conduite d'un insensé, quand on marche contre des ennemis, d'en laisser d'autres chez soi. Car ainsi, ayant l'un à dos, les autres en tête, je me précipiterais entre deux armées ; la victoire sera plus complète et plus aisée à obtenir, si je sépare l'un de l'autre. Le premier mort, je pourrai beaucoup plus aisément me défaire du second. Et aussitôt il fit mourir Sigismond avec sa femme et ses fils, en ordonnant qu'on les jetât dans un puits près de Coulmiers, bourg du territoire d'Orléans, et marcha en Bourgogne, appelant à son secours le roi Théodoric. Celui-ci, ne s'inquiétant pas de venger l'injure de son beau-père, promit d'y aller, et étant rejoints près de Véseronce, lieu situé dans le territoire de la cité de Vienne, ils livrèrent combat à Gondemar. Gondemar ayant pris la fuite avec son armée, Clodomir le poursuivit, et, comme il se trouvait déjà assez éloigné des siens, les Bourguignons, imitant le signal qui lui était ordinaire, l'appelèrent en lui disant : Viens, viens par ici, nous sommes les tiens. Il les crut, alla à eux, et tomba ainsi au milieu de ses ennemis qui lui coupèrent la tête, la fixèrent au bout d'une pique, et l'élevèrent en l'air (en 524). Ce que voyant les Francs, et reconnaissant que Clodomir avait été tué, ils recueillirent leurs forces, mirent en fuite Gondemar, écrasèrent les Bourguignons et s'emparèrent de leur pays. Clotaire, sans aucun délai, s'unit en mariage à la femme de son frère, nommée Gontheuque, et la reine Clothilde, les jours de deuil finis, prit et garda avec elle ses fils, dont l'un s'appelait Théodoald, l'autre Gonthaire et le troisième Clodoald. Gondemar recouvra de nouveau son royaume.

Après cela, Théodoric, qui n'avait point oublié le parjure d'Hermanfried, roi de Thuringe, appela à son secours soir frère Clotaire, et se prépara à marcher contre Hermanfried (en 528), promettant au roi Clotaire sa part du butin, si la bonté de Dieu leur accordait la victoire. Ayant donc rassemblé les Francs, il leur dit : Ressentez, je vous prie, avec colère, et mon injure, et la mort de vos parents; rappelez-vous que les Thuringiens sont venus attaquer violemment nos pareils, et leur ont fait beaucoup de maux , que ceux-ci, leur ayant donné des otages, voulurent entrer en paix avec eux ; mais eux firent périr les otages par différents genres de mort, et, revenant se jeter sur nos parents, leur enlevèrent tout ce qu'ils possédaient, suspendirent les enfants aux arbres par le nerf de la cuisse, firent périr d'une mort cruelle plus de deux cents jeunes filles, les liant par les bras au cou des chevaux, qu'on forçait, à coups d'aiguillons acérés, à s'écarter chacun de son côté, en sorte qu'elles furent déchirées en pièces ; d'autres furent étendues sur les ornières des chemins, et clouées en terre avec des pieux ; puis on faisait passer sur elles des chariots chargés ; et leurs os ainsi brisés, ils les laissaient pour servir de pâture aux chiens et aux oiseaux. Maintenant Hermanfried manque à ce qu'il m'a promis, et semble tout à fait l'oublier. Nous avons le droit de notre côté ; marchons contre eux avec l'aide de Dieu. Eux, ayant entendu ces paroles, indignés de tant de crimes, demandèrent, d'une voix et d'une volonté unanimes, à marcher contre les Thuringiens. Théodoric, prenant avec lui, pour le seconder, son frère Clotaire et son fils Théodebert, partit avec une armée. Cependant les Thuringiens avaient préparé des embûches aux Francs : ils avaient creusé dans le champ où devait se livrer le combat, des fosses dont ils avaient caché l'ouverture au moyen d'un gazon épais, en sorte que la plaine paraissait unie. Lorsqu'on commença donc à combattre, plusieurs des chevaux des Francs tombèrent dans ces fosses, ce qui leur causa beaucoup d'embarras ; mais lorsqu'ils se furent aperçus de la fraude, ils commencèrent à y prendre garde. Enfin, les Thuringiens, voyant qu'on faisait parmi eux un grand carnage, et que leur roi Hermanfried avait pris la fuite, tournèrent le dos, et arrivèrent au bord du fleuve de l'Unstrut ; et là, il y eut un tel massacre des Thuringiens que le lit de la rivière fût rempli par les cadavres amoncelés, et que les Francs s'en servirent comme de pont pour passer sur l'autre bord. Après cette victoire, ils prirent le pays, et le réduisirent sous leur puissance (en 529).

Clotaire, en revenant, emmena captive avec lui Radegonde, fille du roi Berthaire, et la prit en mariage ; il fit depuis tuer injustement son frère par des scélérats. Elle, se tournant vers Dieu, prit l'habit, et se bâtit un monastère dans la ville de Poitiers. Elle s'y rendit tellement excellente dans l'oraison, les jeûnes, les veilles, les aumônes, qu'elle acquit un grand crédit parmi les peuples.

Tandis que les rois francs étaient en Thuringe, Théodoric voulut tuer Clotaire, son frère ; et ayant disposé en secret des hommes armés, il le manda vers lui, comme pour conférer de quelque chose en particulier ; et, ayant fait étendre dans sa maison une toile d'un mur à l'autre , il ordonna à ses hommes armés de se tenir derrière : mais, comme la toile était trop courte, les pieds des hommes armés parurent au-dessous à découvert ; ce qu'ayant vu Clotaire, il entra dans la maison, armé, et avec les siens. Théodoric comprit alors que son projet, était connu : il inventa une fable, et l'on parla de choses et d'autres. Mais, ne sachant de quoi s'aviser pour faire passer sa trahison, il donna à Clotaire, dans cette vue, un grand plat d'argent. Clotaire lui ayant dit adieu, et l'ayant remercié de ce présent, retourna dans son logis. Mais Théodoric se plaignit aux siens d'avoir perdu son plat sans aucun motif, et dit à son fils Théodebert : Va trouver ton oncle, et prie-le de vouloir te céder le présent que je lui ai fait. Il y alla, et obtint ce qu'il demandait. Théodoric était trésaille en de telles ruses.

Lorsqu'il fut revenu chez lui, il engagea Hermanfried à venir le trouver, en lui donnant sa foi qu'il ne courrait aucun danger ; et il l'enrichit de présents très honorables. Mais un jour qu'ils causaient sur les murs de la ville de Tolbiac, Hermanfried, poussé par je ne sais qui, tomba du haut du mur, et rendit l'esprit (en 530). Nous ignorons par qui il fut jeté en bas ; mais plusieurs assurent qu'on reconnut clairement que cette trahison venait de Théodoric.

Pendant que Théodoric était en Thuringe, le bruit courut en Auvergne qu'il avait été tué. Arcadius, un des sénateurs d'Auvergne, invita Childebert à venir s'emparer de ce pays. Celui-ci se rendit sans retard en Auvergne. Il faisait ces jours-là un brouillard si épais qu'on ne pouvait discerner à la fois plus d'un demi arpent. Le roi disait : Je voudrais bien pouvoir reconnaître par mes yeux cette Limagne d'Auvergne qu'on dit si riante. Mais Dieu ne lui accorda pas cette grâce. Les portes de la ville étant fermées, en sorte qu'il ne trouvait aucune issue pour y entrer, Arcadius brisa la serrure de l'une de ces portes, et l'introduisit dans les murs : mais au moment où cela se passait, on apprit que Théodoric était revenu vivant de Thuringe.

Childebert ayant appris cette nouvelle avec certitude, quitta l'Auvergne, et se dirigea vers l'Espagne, à cause de sa sœur Clotilde (en 531). La fidélité de celle-ci à la religion catholique l'exposait à beaucoup d'embûches de la part de son mari Amalaric ; car plusieurs fois, comme elle se rendait à la sainte église, il avait ordonné qu'on jetât sur elle de l'ordure et d'autres puanteurs ; et l'on dit que sa cruauté contre elle se porta à de telles extrémités, qu'elle envoya à son frère un mouchoir teint de son propre sang ; en sorte que, vivement irrité, il se rendit en Espagne. Amalaric, apprenant son arrivée, prépara des vaisseaux pour s'enfuir. Childebert arrivait déjà, lorsqu'au moment de monter sur son vaisseau, Amalaric se rappela une grande quantité de pierres précieuses qu'il avait laissées dans son trésor : il retourna à la ville pour les chercher ; mais ensuite l'armée di, regagner le bort. Voyant qu'il ne pouvait s'échapper, il voulut se réfugier dans l'église des chrétiens; mais, avant qu'il en eût pu atteindre le seuil sacré, un de ceux qui le poursuivaient poussa contre lui sa lance, et le frappa d'un coup mortel : il tomba sur le pieu même, et rendit l'esprit. Alors Childebert reprit sa sœur avec de grands trésors, et il comptait la ramener ; mais elle mourut en route je ne sais comment, et fut portée à Paris, où on l'ensevelit près de son père Clovis. Childebert choisit dans ces trésors des choses très précieuses, et les consacra aux services de la sainte église ; car il avait apporté soixante calices, quinze patènes, et vingt coffres destinés à enfermer les Évangiles, le tout en or pur, et orné de pierres précieuses ; et il ne souffrit pas que ces choses fussent brisées, mais il les distribua entre les églises et les basiliques des Saints, et les consacra au service divin.

Ensuite de cela, Clotaire et Childebert firent le projet de marcher en Bourgogne ; Théodoric, qu'ils avaient appelé à leur secours, ne voulut pas y aller. Cependant les Francs qui marchaient avec lui, lui dirent : Si tu ne veux pas aller en Bourgogne avec tes frères, nous te quitterons, et nous les suivrons à ta place. Mais lui, pensant que les gens d'Auvergne lui avaient manqué de foi, dit aux Francs : *Suivez-moi en Auvergne, et je vous conduirai dans un pays où vous prendrez de l'or et de l'argent, autant que vous en pourrez désirer, d'oie vous enlèverez des troupeaux, des esclaves et des vêtements en abondance ; seulement ne suivez pas ceux-ci.* Séduits par ces promesses, ils s'engagèrent à faire ce qu'il voudrait. Il se prépara donc au départ, et promit, à plusieurs reprises, à ses hommes qu'il leur permettrait de ramener dans leur pays tout le butin et tous les prisonniers qu'ils feraient dans l'Auvergne. Cependant Clotaire et Childebert marchèrent en Bourgogne, assiégèrent Autun ; et, ayant mis en fuite Gondemar, occupèrent toute la Bourgogne (de 532 à 534).

Théodoric étant entré en Auvergne avec son armée dévasta et ruina tout le pays. Arcadius, auteur du crime, et dont la lâcheté avait causé la dévastation de cette contrée, se réfugia dans la ville de Bourges, qui faisait alors partie du royaume de Childebert ; mais sa mère Placidine, et Alchime, sœur de son père, ayant été prises, furent condamnées à l'exil, et on prit les biens qu'elles avaient dans la ville de Cahors. Le roi Théodoric étant donc arrivé à la cité d'Auvergne (Clermont), établit son camp dans les bourgs environnants. Le bienheureux Quintien était en ces jours là évêque de la ville. Cependant l'armée parcourait toute cette malheureuse contrée, pillant et ravageant tout. Plusieurs des gens de guerre arrivèrent à la basilique de Saint-Julien, brisèrent les portes ; enlevèrent les serrures, pillèrent ce qu'on y avait rassemblé du bien des pauvres, et firent en ces lieux beaucoup de mal. Mais les auteurs de ces crimes, saisis de l'esprit immonde, se déchirèrent de leurs propres dents, poussant de grands cris et disant : Pourquoi, saint martyr, nous tourmentes-tu de cette manière ? C'est ainsi que nous l'avons écrit dans le livre des miracles de saint Julien.

Cependant les ennemis assiégèrent le château de Volorre et tuèrent misérablement devant l'autel de l'église le prêtre Procule, de qui saint Quintien avait eu à se plaindre ; et ce fut, je crois, à cause de lui que le château, qui s'était défendu jusqu'à ce jour, fut livré entre les mains de ces impies, car les ennemis ne pouvant l'emporter, se disposaient à retourner chez eux ; ce qu'ayant appris les assiégés furent pleins de joie ; mais ils furent trompés par leur sécurité, selon ces paroles de l'apôtre : Lorsqu'ils diront : nous voici en paix et en sûreté, ils se trouveront surpris tout d'un coup par une ruine imprévue; et comme ils ne se tenaient plus sur leurs gardes, le serviteur de Procule les livra aux ennemis. Au moment où, après avoir dévasté le château, ils emmenaient les habitants captifs, il descendit du ciel une pluie abondante, refusée depuis trente jours.

Le château de Merliac fut ensuite assiégé. Ceux qui l'habitaient se rachetèrent de la captivité par une rançon ; ce qui fut un effet de leur lâcheté, car le château était naturellement fortifié. Au lieu de murs, un rocher taillé l'entourait à la hauteur de plus de cent pieds ; au milieu se trouvait un étang d'eau très agréable à boire ; il y avait aussi des fontaines abondantes, et par une de ses portes coulait un ruisseau d'eau vive. Ses remparts renfermaient un si grand. espace que les habitants cultivaient des terres dans l'intérieur des murs, et en recueillaient beaucoup de fruits. Fiers de la protection de leurs remparts, les assiégés étaient sortis pour faire quelque butin, comptant se renfermer de nouveau dans les antres de leur forteresse. Ils furent pris par leurs ennemis au nombre de cinquante, et conduits sous les yeux de leurs parents, les mains liées derrière le dos et le glaive levé sur leur tête. Les assiégés consentirent, pour qu'on ne les mît pas à mort, à donner quatre onces d'or pour la rançon de chacun.

Théodoric ayant quitté l'Auvergne, y laissa pour la garder son parent Sigewald. Il y avait en ce temps, parmi les hommes chargés d'appeler les Francs à la guerre, un certain Litigius qui tendait de grandes embûches à saint Quintien ; et lorsque le saint évêque se prosternait à ses pieds, loin d'accéder à ce qu'il lui demandait, il racontait à sa femme, en s'en raillant, ce qu'avait fait le saint. Mais celle-ci, animée d'un meilleur esprit, lui dit : De cette manière, le jour où tu seras abattu tu ne te relèveras plus. Il arriva le troisième jour des envoyés du roi qui l'emmenèrent lié avec sa femme et ses enfants, et depuis il ne revint jamais en Auvergne.

Munderic, qui se prétendait parent du roi, enflé d'orgueil, dit : Pourquoi Théodoric est-il mon roi ? Le gouvernement de ce pays m'appartient comme à lui ; j'irai, j'assemblerai mon peuple et lui ferai prêter serment, afin que Théodoric sache que je suis roi tout comme lui. Et étant sorti en public, il commença à séduire le peuple en disant : Je suis prince, suivez-moi, et vous vous en trouverez bien. La multitude du peuple des campagnes le suivit donc, en sorte que, par un effet de l'inconstance humaine, il en réunit un grand nombre qui lui prêtèrent serment de fidélité et l'honorèrent comme un roi. Théodoric l'ayant appris, lui envoya un ordre portant : Viens à moi, et, s'il t'est dû quelques portions des terres de notre royaume, elles te seront données. Théodoric disait cela pour le tromper, afin de le faire venir à lui et de le tuer ; mais lui ne voulut pas y aller, et dit : Reportez à votre roi que je suis roi aussi bien que lui. Alors le roi, en colère, ordonna de faire marcher une armée afin de le punir lorsqu'il l'aurait vaincu par la force. Munderic, en ayant été instruit, et n'étant pas en état de se défendre, se réfugia dans les murs du château de Vitry où il travailla à se fortifier, y renfermant tout ce qu'il possédait et tous ceux qu'il avait séduits. L'armée qui marchait contre lui entoura le château et l'assiégea pendant sept jours. Munderic la repoussait à la tête des siens et disait : Tenons-nous fermes et combattons jusqu'à la mort, et les ennemis ne nous vaincront pas. L'ennemi tout à l'entour lançait des traits contre les murs, mais cela ne servait à rien : on le fit savoir au roi, qui envoya un des siens, nommé Arégésile, et lui dit : Tu vois que ce perfide réussit dans sa révolte ; va, et engage-le sous serment à sortir sans crainte, et, lorsqu'il sera sorti, tue-le, et efface son souvenir de notre royaume. Celui-ci y étant allé fit ce qu'on lui avait ordonné ; mais il convint d'abord, d'un signal avec ses gens, et leur dit : Lorsque je dirai telles et telles choses, jetez-vous aussitôt sur lui et le tuez. Arégésile étant donc entré, dit à Munderic : Jusques à quand demeureras-tu ici comme un insensé ? Tu ne peux longtemps résister au roi ; voilà que tes provisions finies, vaincu par la faim, tu sortiras, te livreras entre les mains de tes ennemis et mourras comme un chien. Écoute plutôt mes conseils, et soumets-toi au roi, afin que tu vives, toi et tes fils. » Ébranlé par ce discours, Munderic dit : Si je sors, je serai pris par le roi, et il me tuera, moi et mes fils, et tous les amis qui sont ici réunis avec moi. A quoi Arégésile répondit : Ne crains rien ; car, si tu veux sortir, reçois-en mon serment, il ne te sera rien fait, et tu viendras sans danger en présence du roi. Tu n'as donc rien à redouter, et tu seras près de lui ce que tu étais auparavant. A quoi Munderic repartit : Plût à Dieu que je fusse sûr de n'être pas tué ! Alors Arégésile, les mains posées sur les saints autels, lui jura qu'il pouvait sortir sans crainte. Après avoir reçu ce serment, Munderic sortit d'abord du château tenant par la main Arégésile ; les gens d'Arégésile les regardaient en les voyant venir de loin. Alors Arégésile, selon le signal dont il était convenu, dit : Que regardez-vous donc avec tant d'attention, ô hommes ! N'avez-vous jamais vu Munderic ? Et aussitôt ils se précipitèrent sur lui. Mais lui, comprenant la vérité, dit : Je vois clairement par ces paroles que tu as donné à tes gens le signal de ma mort, mais, je te le dis, puisque tu m'as trompé par un parjure, personne ne te verra plus en vie ; et, d'un coup de sa lance dans le dos, il le transperça. Arégésile tomba et mourut. Ensuite Munderic, à la tête des siens, tira l'épée et fit un grand carnage du peuple, et, jusqu'à ce qu'il rendit l'esprit, il ne s'arrêta point de tuer tout ce qu'il pouvait atteindre. Lorsqu'il fût mort, on réunit ses biens au fisc du roi.

Cependant Théodoric et Childebert firent alliance, et, s'étant prêté serment de ne point marcher l'un contre l'autre, ils se donnèrent mutuellement des otages pour confirmer leurs promesses. Parmi ces otages il se trouva beaucoup de fils de sénateurs ; mais, de nouvelles discordes s'étant élevées entre les rois (en 533), ils furent dévoués aux travaux publics, et tous ceux qui les avaient en garde en firent leurs serviteurs ; un bon nombre cependant s'échappèrent par la fuite et retournèrent dans leur pays ; quelques-uns demeurèrent en esclavage.

*

Tandis que la reine Clotilde habitait Paris, Childebert, voyant que sa mère avait porté toute son affection sur les fils de Clodomir, dont nous avons parlé plus haut, conçut de l'envie ; et, craignant que, par la faveur de la reine, ils n'eussent part au royaume, il envoya secrètement vers son frère le roi Clotaire, et lui fit dire (vers l'an 533) : Notre mère garde avec elle les fils de notre frère, et veut leur donner le royaume ; il faut que tu viennes promptement à Paris, et que, réunis tous deux en conseil, nous déterminions ce que nous devons faire d'eux, savoir si on leur coupera les cheveux, comme au reste du peuple, ou si, les ayant tués, nous partagerons également entre nous le royaume de notre frère. Fort réjoui de ces paroles, Clotaire vint à Paris. Childebert avait déjà répandu dans le peuple que les deux rois étaient d'accord d'élever ces enfants au trône : ils envoyèrent donc, au nom de tous deux, à la reine qui demeurait dans la même ville, et lui dirent : Envoie-nous les enfants, que nous les élevions au trône. Elle, remplie de joie, et ne sachant pas leur artifice, après avoir fait boire et manger les enfants, les envoya, en disant : Je croirai n'avoir pas perdu mon fils, si je vous vois succéder à son royaume. Les enfants, étant allés, furent pris aussitôt, et séparés de leurs serviteurs et de leurs gouverneurs ; et on les enferma à part, d'un côté les serviteurs, et de l'autre les enfants. Alors Childebert et Clotaire envoyèrent à la reine Arcadius, dont nous avons déjà parlé, portant des ciseaux et une épée nue. Quand il fut arrivé près de la reine, il les lui montra, disant : Tes fils nos seigneurs, ô très glorieuse reine, attendent que tu leur fasses savoir ta volonté sur la manière dont il faut traiter ces enfants ; ordonne qu'ils vivent les cheveux coupés, ou qu'ils soient égorgés. Consternée à ce message, et en même temps émue d'une grande colère, en voyant cette épée nue et ces ciseaux, elle se laissa transporter par son indignation, et, ne sachant, dans sa douleur, ce qu'elle disait, elle répondit imprudemment : Si on ne les élève pas sur le trône, j'aime mieux les voir morts que tondus. Mais Arcadius, s'inquiétant peu de sa douleur, et ne cherchant pas à pénétrer ce qu'elle penserait ensuite plus réellement, revint en diligence près de ceux qui l'avaient envoyé, et leur dit : Vous pouvez continuer avec l'approbation de la reine ce que vous avez commencé, car elle veut que vous accomplissiez votre projet. Aussitôt Clotaire, prenant par le bras l'aîné des enfants, le jeta à terre, et, lui enfonçant son couteau dans l'aisselle, le tua cruellement. A ses cris, son frère se prosterna aux pieds de Childebert, et, lui saisissant les genoux, lui disait avec larmes : Secours-moi, mon très bon père, afin que je ne meure pas comme mon fière. Alors Childebert, le visage couvert de larmes, lui dit : Je te prie, mon très cher frère, aie la générosité de m'accorder sa vie ; et, si tu veux ne pas le tuer, je te donnerai, pour le racheter, ce que tu voudras. Mais Clotaire, après l'avoir accablé d'injures, lui dit : Repousse-le loin de toi, ou tu mourras certainement à sa place ; c'est toi qui m'as excité à cette affaire, et tu es si prompt à reprendre ta foi ! Childebert, à ces paroles, repoussa l'enfant, et le jeta à Clotaire, qui, le recevant, lui enfonça son couteau dans le côté, et le tua, comme il avait fait à son frère. Ils tuèrent ensuite les serviteurs et les gouverneurs ; et après qu'ils furent morts, Clotaire, montant à cheval, s'en alla, sans se troubler aucunement du meurtre de ses neveux, et se rendit, avec Childebert, dans les faubourgs. La reine, ayant fait poser ces petits corps sur un brancard, les conduisit, avec beaucoup de chants pieux et une immense douleur, à l'église de Saint-Pierre, où on les enterra tous deux de la même manière. L'un des deux avait dix ans, et l'autre sept. Ils ne purent prendre le troisième, Clodoald, qui fut sauvé par le secours de braves guerriers ; dédaignant un royaume terrestre, il se consacra à Dieu, et, s'étant coupé les cheveux de sa propre main, il fut fait clerc. Il persista dans les bonnes œuvres, et mourut prêtre. Les deux rois partagèrent entre eux également le royaume de Clodomir. La reine Clotilde déploya tant et de si grandes vertus qu'elle se fit honorer de tous. On la vit toujours assidue à l'aumône, traverser les nuits de ses veilles, et demeurer pure par sa chasteté et sa fidélité à toutes les choses honnêtes ; elle pourvut les domaines des églises, les monastères et tous les lieux saints de ce qui leur était nécessaire, distribuant ses largesses avec générosité, en sorte que dans le temps, on ne la considérait pas comme une reine, mais comme une servante spéciale du Seigneur, dévouée à son assidu service. Ni la royauté de ses fils, ni l'ambition du siècle, ni le pouvoir, ne l'entraînèrent à sa ruine, mais son humilité la conduisit à la grâce.

Théodoric avait fiancé son fils Théodebert à Wisigarde, fille d'un roi (Waccon, roi des Lombards).

Après la mort de Clovis, les Goths avaient envahi une partie de ses conquêtes. Théodoric envoya donc Théodebert, et Clotaire envoya Gonthaire, l'aîné de ses fils, pour les recouvrer. Mais Gonthaire, arrivé à Rodez, s'en retourna, je ne sais pourquoi. Théodebert, poursuivant sa route jusqu'à la ville de Béziers, prit le château de Dion (Diou), et en enleva du butin. Il envoya ensuite vers un autre château, nommé Cabrières, des messagers chargés de dire de sa part que, si on ne se soumettait pas, il brûlerait le château et emmènerait les habitants en captivité.

Il se trouvait en ce lieu une matrone, nommée Deutérie (Deuthéria), dont le mari était venu habiter auprès de Béziers. Elle envoya au roi des messagers qui lui dirent : Personne, ô très pieux seigneur ! ne peut te résister, nous te reconnaissons pour notre maître ; viens, et qu'il en soit fait ainsi qu'il te paraîtra agréable. Théodebert vint au château, et y fut reçu pacifiquement, et voyant que les gens se soumettaient à lui, il ne fit aucun mal. Deutérie vint à sa rencontre, et la voyant belle, épris d'amour pour elle, il la fit entrer dans son lit.

En ces jours-là, Théodoric fit périr par le glaive son parent Sigewald, et envoya secrètement vers Théodebert, pour qu'il fit mourir Giwald, fils de Sigewald, qu'il avait avec lui ; mais Théodebert, comme il l'avait tenu sur les fonts de baptême, ne voulut pas le faire périr. Il lui donna même à lire les lettres envoyées par son père : Fuis, lui dit-il, car j'ai reçu de mon père l'ordre de te tuer ; lorsqu'il sera mort et que tu apprendras que je règne, tu reviendras à moi sans crainte. Ce qu'ayant entendu, Giwald lui rendit grâces, lui dit adieu et s'en alla.

Théodebert faisait alors le siège de la ville d'Arles, dont les Goths s'étaient emparés. Giwald s'enfuit dans cette ville ; mais, ne s'y croyant pas fort en sûreté, il se rendit en Italie et y demeura. Tandis que ces choses se passaient, on vint annoncer à Théodebert que son père était dangereusement malade, que, s'il ne se hâtait pour le trouver encore en vie, il serait dépouillé par ses oncles, et qu'il ne fallait pas qu'il poussât plus avant. A ces nouvelles, Théodebert quitta tout, et partit pour aller vers son père, laissant en Auvergne Deutérie et sa fille. Théodoric mourut quelques jours après l'arrivée de son fils, dans la vingt-troisième année de son règne (en 534) ; Childebert et Clotaire s'élevèrent contre Théodebert, et voulurent lui enlever son royaume, mais il les apaisa par des présents, et défendu par ses Leudes, il fut établi sur le trône. Il envoya ensuite en Auvergne pour en faire venir Deutérie, et s'unit à elle en mariage.

Childebert, voyant qu'il ne pouvait le vaincre, lui envoya une ambassade pour l'engager à venir le trouver, lui disant : Je n'ai pas de fils, je désire te prendre pour fils. Et Théodebert étant venu, il l'enrichit de tant de présents que cela fit l'admiration de tout le monde, car il lui donna trois paires de chacune des choses utiles, tant armes que vêtements et joyaux qui conviennent aux rois. Il en agit de même pour les chevaux et les celliers. Giwald, apprenant que Théodebert était entré en possession du royaume de son père, revint d'Italie le trouver ; celui-ci se réjouissant et l'embrassant, lui donna la troisième partie des présents de son oncle, et ordonna qu'on lui rendît, des biens de son père Sigewald, tout ce qui en était entré dans le fisc.

Affermi dans son royaume, Théodebert se rendit grand et remarquable en toutes sortes de vertus, car il gouvernait ses États avec justice, respectait les prêtres, enrichissait les églises, secourait les pauvres, et plein de compassion et de bonté, mit beaucoup de gens à leur aise, par un grand nombre de bienfaits. Il remit généreusement aux églises d'Auvergne tous les tributs dont elles étaient redevables à son fisc.

Deutérie voyant sa fille devenue adulte, et craignant qu'elle n'excitât les désirs du roi, et qu'il ne la prit pour lui, la mit dans un chariot attelé de bœufs indomptés, qui la précipitèrent du haut d'un pont, en sorte qu'elle périt dans un fleuve (probablement la Meuse). Cela se passa près de la ville de Verdun.

Il y avait déjà sept ans que Théodebert avait été fiancé à Wisigarde, et à cause de Deutérie il n'avait pas voulu la prendre pour femme ; mais les Francs le blâmaient unanimement de ce qu'il avait abandonné son épouse. Alors irrité de cette action, il quitta Deutérie dont il avait un fils enfant, nommé Théodebald, et épousa Wisigarde. Il ne la conserva pas longtemps, elle mourut, et il en épousa une autre, mais ne reprit jamais Deutérie.

Cependant Childebert et Théodebert mirent sur pied une armée, et se disposèrent à marcher contre Clotaire (en 537) ; celui-ci l'ayant appris, et jugea qu'il n'était pas de force à se défendre contre eux, s'enfuit dans une forêt et y fit de grands abattis, plaçant toutes ses espérances en la miséricorde de Dieu. Mais la reine Clotilde ayant appris ces choses se rendit au tombeau du bienheureux Martin, s'y prosterna en oraison et passa toute la nuit à prier qu'il ne s'élevât pas une guerre civile entre ses fils. Ceux-ci, arrivant avec leur armée, assiégèrent Clotaire et pensaient le tuer le jour suivant ; mais le matin arrivé, une tempête s'éleva dans le lieu où ils étaient rassemblés, emporta les tentes, mit en désordre et bouleversa tout. A la foudre et au bruit du tonnerre se mêlaient des pierres qui tombaient sur eux. Ils se précipitaient le visage contre la terre couverte de grêle, et étaient brièvement blessés par la chute des pierres. Il ne leur restait rien pour s'en défendre que leur bouclier, et ce qu'ils craignaient de plus, c'était d'être réduits en cendres par le feu du ciel. Les chevaux furent aussi dispersés, et à peine les put-on retrouver à la distance de vingt stades ; il y en eut même beaucoup qu'on ne retrouva pas. Prosternés, comme nous l'avons dit, la face contre terre, et blessés par les pierres, ils exprimaient leur repentir, et demandaient pardon à Dieu, d'avoir entrepris la guerre contre leur propre sang ; mais il ne tomba pas une seule goutte de pluie sur Clotaire, il n'entendit pas le moindre bruit de tonnerre, et au lieu où il était, il ne se fit pas sentir la moindre haleine de vent. Les autres, lui ayant envoyé des messagers, lui demandèrent de vivre en paix et en concorde, et l'ayant obtenu, ils s'en retournèrent chez eux. Il n'est permis à personne de douter que ce soit un miracle du bienheureux saint Martin, obtenu par l'intercession de la reine.

Ensuite le roi Childebert alla en Espagne, et, y étant entré avec Clotaire, ils entourèrent, et assiégèrent avec leur armée la ville de Saragosse (en 542). Mais les habitants se tournèrent vers Dieu avec une grande humilité, et, revêtus de cilices, s'abstenant de manger et de boire, se mirent à faire le tour des murs en chantant les psaumes et portant la tunique du bienheureux Vincent martyr. Les femmes les suivaient en pleurant, enveloppées de manteaux noirs, les cheveux épars et couverts de cendres, si bien qu'on eût dit qu'elles assistaient aux funérailles de leurs maris ; et toute la ville avait tellement mis en Dieu toutes ses espérances, qu'elle paraissait célébrer un jeûne semblable à celui de Ninive, et les habitants ne croyaient pas qu'ils pussent avoir autre chose à faire que de fléchir par leurs prières la miséricorde divine. Les assiégeants, qui voyaient les assiégés tourner sans cesse en dedans des murs, ne sachant ce qu'ils faisaient, crurent qu'ils exerçaient quelque maléfice, et, ayant pris un paysan du lieu, ils lui demandèrent ce qu'on faisait. Il leur répondit : Ils portent la tunique du bienheureux Vincent, et le prient de demander à Dieu d'avoir pitié d'eux. Les assiégeants en ressentirent de la crainte et s'éloignèrent de la ville. Cependant ils conquirent la plus grande partie de l'Espagne et s'en retournèrent dans les Gaules avec une grande quantité de dépouilles.

Après Amalaric, Théodat fut nommé roi en Espagne. Celui-ci ayant été tué (en 531), on éleva la royauté Theudégisile. Il était un jour à souper, faisant festin avec ses amis et fort gai, quand tout à coup, la lumière ayant été éteinte, il fut frappé par ses ennemis à coups d'épée, et mourut (en 548). Après lui, la royauté passa à Agila, car les Goths avaient pris cette détestable habitude, lorsqu'un de leurs rois ne leur plaisait pas, de l'assaillir à main armée et d'élire roi à sa place celui qui leur convenait.

Théodoric, roi d'Italie, qui avait eu en mariage une sœur du roi Clovis, était mort laissant sa femme avec une fille encore enfant. Celle-ci, devenue adulte, repoussant, par légèreté d'esprit, les conseils de sa mère qui l'avait voulu pourvoir d'un fils de roi, prit son serviteur, nommé Traguilan, et s'enfuit avec lui dans une ville où elle espérait pouvoir se défendre. Sa mère, vivement irritée contre elle, lui demanda de ne pas déshonorer sa race, jusqu'alors si noble, mais de renvoyer son serviteur et de prendre un homme comme elle de race royale et que sa mère lui avait choisi. Mais elle n'y voulut en aucune façon consentir. Alors sa mère, en colère, fit marcher contre elle une troupe de gens armés, qui allèrent les attaquer. Traguilan périt par le glaive, et la fille fut ramenée avec des coups à la maison de sa mère. Elles vivaient toutes deux dans la secte arienne où il est d'usage, lorsqu'on se présente à l'autel, que les rois aient un calice à part pour communier, et le peuple un autre. La fille donc mit du poison dans le calice où sa mère devait communier ; dès qu'elle l'eut pris, elle mourut aussitôt, et il est impossible de douter que cette mort n'ait été l'œuvre du diable. Comment ces misérables hérétiques pourraient-ils le nier, quand l'ennemi trouve place parmi eux jusque dans l'Eucharistie ? Nous qui confessons une seule Trinité égale en rang et en toute puissance, quand, au nom du Père, du Fils et de l'Esprit saint, Dieu véritable et incorruptible, nous avalerions le poison mortel, il ne nous ferait point de mal. Les Italiens, indignés contre cette femme, appelèrent Théodat, roi de Toscane, et le firent leur roi. Lorsqu'il eut appris comment, à cause d'un serviteur qu'elle avait pris, cette impudique s'était rendue coupable d'un parricide envers sa mère, il fit chauffer un bain avec excès, et ordonna qu'elle y fût enfermée avec une servante. Aussitôt qu'elle fut entrée dans cette vapeur brûlante, elle tomba sur le pavé morte et consumée. Les rois Childebert et Clotaire, ses cousins germains, ainsi que Théodebert, ayant appris par quel supplice honteux on l'avait fait périr, envoyèrent une ambassade à Théodat pour lui reprocher sa mort, et lui dire : Si tu ne composes pas avec nous pour ce que tu as fait, nous prendrons ton royaume et, te condamnerons à la même peine. » Effrayé, il leur envoya cinquante mille pièces d'or. Childebert, comme il était toujours mal disposé et plein de mauvaise volonté envers Clotaire, s'étant uni à son neveu Théodebert, ils partagèrent l'or entre eux et n'en voulurent rien donner au roi Clotaire ; mais lui, étant tombé sur les trésors de Clodomir, en enleva beaucoup plus qu'ils ne lui en avaient dérobé.

Théodebert marcha en Italie (en 539), et y fit beaucoup de conquêtes ; mais, comme ces lieux sont, dit-on, malsains, son armée fut tourmentée de diverses sortes de fièvre, beaucoup des siens y moururent ; ce que voyant, Théodebert revint, rapportant, lui et les siens, beaucoup de butin. On dit cependant qu'il alla jusqu'à la ville de Pavie, dans laquelle il envoya ensuite Buccelin qui, s'étant emparé de la basse Italie, et l'ayant réduite sous la puissance desdits rois, marcha vers la haute Italie, où il combattit dans un grand nombre d'occasions contre Bélisaire, et obtint la victoire. Ce que voyant l'empereur, irrité de ce que Bélisaire était vaincu si souvent, il mit à sa place Narsès ; et, comme pour rabaisser Bélisaire au dessous de ce qu'il avait été, il le fit comte des écuries. Buccelin livra un grand combat à Narsès, et, ayant pris toute l'Italie, s'étendit jusqu'à la mer. Narsès en ayant instruit l'empereur, celui-ci prit des hommes à sa solde et envoya du secours à Narsès, qui fut ensuite vaincu dans un combat, et se retira. Après cela Buccelin occupa la Sicile, et y leva des tributs qu'il envoya aux rois. Il fut très heureux dans toutes ses entreprises.

Astériole et Secondin avaient alors un grand crédit auprès du roi. Tous deux étaient savants et profondément versés dans les lettres, mais Secondin avait été plusieurs fois envoyé par le roi vers l'empereur, et il en avait pris un orgueil qu'il montrait souvent hors de propos. Cela fit qu'il s'éleva entre lui et Astériole un cruel différend qui alla à ce point que, laissant de côté les argumentations verbales, ils se déchirèrent à belles mains. Le roi ayant pacifié les choses, Secondin n'en conserva pas moins une grande colère d'avoir été battu, de sorte qu'il s'éleva entre eux une nouvelle querelle, et le roi, prenant le parti de Secondin, soumit Astériole à sa puissance. Celui-ci fut grandement abaissé et dépouillé de ses dignités. Il y fut rétabli cependant par la reine Wisigarde. Après la mort de la reine, Secondin s'éleva de nouveau contre lui, et le tua. Il laissa en mourant un fils qui, grandissant et parvenu à l'âge d'homme, commença à vouloir venger l'injure de son père. Alors Secondin, saisi de frayeur, se mit à fuir devant lui de place en place, et voyant qu'il ne pouvait éviter sa poursuite, on dit que, pour ne pas tomber entre les mains de son ennemi, il se donna la mort au moyen du poison.

Desiré (Désideratus), évêque de Verdun, à qui Théodoric avait fait souffrir un grand nombre d'injures, ayant, après beaucoup de calamités, de dommages et de pertes, recouvré, par la volonté de Dieu, sa liberté et son évêché, habitait, ainsi que nous l'avons dit, la ville de Verdun. Voyant les habitants pauvres et dépouillés, il s'affligeait sur eux ; mais, comme il avait été privé de ses biens par Théodoric et n'avait pas de quoi les soulager, connaissant la bonté et la miséricorde du roi Théodebert envers tous, il lui envoya un message, et lui fit dire : La renommée de ta bonté est répandue par toute la terre, et ta bienfaisance est telle que tu donnes même à ceux qui ne te demandent rien ; je te prie, si tu as quelque argent, que ta pitié veuille nous le prêter, afin que nous puissions soulager nos concitoyens ; les commerçants de notre cité répondront pour elle, ainsi que cela se fait dans les autres cités, et nous te rendrons ton argent avec un légitime intérêt. Alors, ému de compassion, Théodebert lui envoya sept mille pièces d'or. L'évêque, les ayant prises, les partagea à ses concitoyens. Les commerçants devinrent riches par ce moyen et le sont encore aujourd'hui ; et, lorsque l'évêque rapporta au roi l'argent qu'il lui devait, le roi lui répondit : Je n'ai pas besoin de le reprendre ; il me suffit que, par tes soins et par mes largesses, les pauvres qu'accablait la misère aient été soulagés ; et, n'exigeant rien d'eux, il fit, ainsi qu'on l'a dit, la fortune des citoyens.

Cet évêque étant mort dans ladite ville (en 544), on mit à si place un certain Agéric (Agiricus), citoyen de Verdun. Cependant. Syagrius, fils de Désiré, se rappelant les injures de son père, et comment, accusé par Siribald auprès du roi Théodoric, il avait été non seulement dépouillé, mais encore mis à la torture, attaqua Siribald avec une troupe armée, et le tua de la manière suivante. Vers le matin, par un brouillard épais, et lorsqu'à peine les ténèbres permettaient de distinguer quelque chose, il se rendit à une maison de campagne de Siribald, nommée Florey (sur Ouche), et située dans le territoire de Dijon. Un des amis de Siribald étant sorti de sa maison, ils crurent que c'était Siribald lui-même, et le tuèrent ; et comme ils triomphaient croyant avoir remporté la victoire sur leur ennemi, un des gens de la maison leur apprit qu'ils n'avaient pas tué son maître, mais un homme de sa dépendance : alors ils revinrent en le cherchant ; et ayant trouvé le cabinet dans lequel il avait coutume de dormir, ils l'attaquèrent. Ils combattirent très longtemps à cette porte sans pouvoir vaincre : alors ils démolirent un des côtés du mur ; ils entrèrent et le mirent à mort par le glaive. Il fut tué après la mort de Théodoric.

Le roi Théodebert commença à tomber malade. Les médecins employèrent auprès de lui tout leur art ; mais rien n'y servit, car Dieu avait résolu de l'appeler à lui. Ainsi donc, après avoir été malade longtemps, succombant à son mal, il rendit l'esprit (en 548). Les Francs avaient une grande haine contre Parthénius, parce que sous ledit roi il leur avait imposé des tributs, et ils commencèrent à le poursuivre. Se voyant en péril, il s'enfuit de la ville, et supplia deux évêques de le ramener à Trèves, et de réprimer par leurs exhortations la sédition d'un peuple furieux. Ils y allèrent, et la nuit, pendant qu'il était dans son lit, tout à coup en dormant il commença à crier à haute voix, disant : Hélas ! hélas ! secourez-moi, vous qui êtes ici, venez à l'aide d'un homme qui périt. A ces cris, ceux qui étaient dans la chambre s'étant éveillés, lui demandèrent ce que c'était, et il répondit : Ausanius, mon ami, et Papianilla, ma femme, que j'ai tués autrefois, m'appelaient en jugement, en disant : *Viens répondre, car nous t'accusons devant Dieu*. En effet, pressé par la jalousie, il avait, quelques années auparavant, tué injustement sa femme et son ami. Les évêques, étant arrivés à la ville, et voyant qu'ils ne pouvaient résister à la violente sédition du peuple, voulurent le cacher dans l'église. Ils le mirent dans un coffre et étendirent sur lui des vêtements à l'usage de l'église. Le peuple étant entré, le chercha dans tous les coins ; il se retirait irrité, lorsqu'un de la troupe conçut un soupçon, et dit : Voilà un coffre dans lequel nous n'avons pas cherché notre ennemi. Les gardiens leur dirent qu'il n'y avait rien dans ce coffre que des ornements ecclésiastiques ; mais ils demandèrent les clefs, disant : Si vous ne l'ouvrez pas sur-le-champ, nous le brisons. Le coffre ayant donc été ouvert, et les linges écartés, ils y trouvèrent Parthénius et l'en tirèrent, s'applaudissant de leur découverte et disant : Dieu a livré notre ennemi entre nos mains. Alors ils lui coupèrent les poings, lui crachèrent au visage ; et lui ayant lié les bras derrière le dos, ils le lapidèrent contre une colonne. Il avait été très vorace ; et, pour pouvoir plus promptement recommencer à manger, il prenait de l'aloès qui le faisait digérer très vite : il laissait échapper en public le bruit de ses entrailles sans aucun respect pour ceux qui étaient présents. Sa vie se termina de cette manière.

Il y eut cette année un hiver très rigoureux et plus âpre qu'à l'ordinaire ; tellement que les torrents enchaînés par la gelée servaient de route aussi bien que la terre. Comme il y avait beaucoup de neige, les oiseaux, accablés de la rigueur du froid ou de la faim, se laissaient prendre à la main et sans qu'on eût besoin de leur tendre des pièges.

On compte trente-sept ans de la mort de Clovis jusqu'à celle de Théodebert. Théodebert étant mort la quatorzième année de son règne, Théodebald son fils régna à sa place.

V

La reine Clotilde, pleine de jours et riche en bonnes œuvres, mourut à Tours, du temps de l'évêque Injuriosus (vers 545) ; elle fût transportée à Paris, suivie d'un chœur nombreux qui chantait des cantiques sacrés, et ensevelie par ses fils, les rois Childebert et Clotaire, dans le sanctuaire de la basilique de saint Pierre, à côté du roi Clovis. Elle avait construit cette basilique (Saint-Pierre) où est ensevelie aussi la bienheureuse Geneviève.

Le roi Clotaire avait ordonné tout récemment que toutes les églises de son royaume paieraient au fisc le tiers de leurs revenus. Tous les évêques ayant bien contre leur gré, consenti et souscrit ce décret, le bienheureux Injuriosus, s'en indignant, refusa courageusement de le souscrire, et il disait : Si tu veux ravir les biens de Dieu, le Seigneur te ravira promptement ton royaume ; car il est injuste que tu remplisses tes greniers de la récolte des pauvres que tu devrais nourrir de tes propres greniers ; et irrité contre le roi, il se retira sans même lui dire adieu. Alors le roi, troublé et craignant la puissance de saint Martin, fit courir après lui avec des présents, lui demandant pardon, condamnant ce qu'il avait fait, et le suppliant d'invoquer en sa faveur la puissance du saint évêque Martin.

Le roi Clotaire eut sept fils de ses diverses femmes, savoir : d'Ingunde il eut Gonthaire, Childéric, Charibert, Gontran, Sigebert, et une fille, nommé Clotsinde ; d'Aregunde, sœur d'Ingunde, il eut Chilpéric ; et de Chunsène, il eut Chramne. Je dirai pourquoi il avait pris la sœur de sa femme. Comme il était déjà marié à Ingunde, et l'aimait d'unique amour, il reçut d'elle une prière, en ces termes : Mon Seigneur a fait de sa servante ce qui lui a plu, et il m'a appelée à son lit : maintenant, pour compléter le bienfait, que mon seigneur roi écoute ce que lui demande sa servante. Je vous prie de daigner procurer un mari puissant et riche à ma sœur, votre servante ; de telle sorte que rien ne m'humilie, et qu'au contraire, élevée par une nouvelle faveur, je puisse vous servir encore plus fidèlement. A ces paroles, le roi, qui était trop adonné à la luxure, s'enflamma d'amour pour Aregunde, alla à la maison de campagne où elle habitait, et se l'unit en mariage. L'ayant ainsi prise, il retourna vers Ingunde, et lui dit : J'ai songé à t'accorder la grâce que ta douceur m'a demandée, et cherchant un homme riche et sage que je pusse unir à ta sœur, je n'ai rien trouvé de mieux que moi-même. Ainsi sache que je l'ai prise pour femme, ce qui, j'espère, ne te déplaira pas. Alors elle lui dit : Que ce qui paraît bon à mon seigneur soit ainsi fait ; seulement que ta servante vive toujours avec la faveur du Roi. Gonthaire, Chramne et Childéric moururent du vivant de leur père. Nous raconterons dans la suite la mort de Chramne. Alboin, roi des Lombards, reçut pour femme Clotsinde, fille du roi Clotaire.

L'évêque Injuriosus mourut dans la dix-septième année de son épiscopat. Il eut pour successeur Baudin (en 546), qui avait été domestique [i] du roi Clotaire. Ce fut le seizième évêque depuis la mort de saint Martin.

*

Ces temps-là, Agila régnait en Espagne, et accablait son peuple d'un joug pesant. L'armée de l'empereur entra en Espagne, et prit quelques villes. Agila ayant été tué, Athanagild parvint au trône, combattit souvent contre cette armée, la vainquit plusieurs fois, et remit sous sa puissance une partie des cités dont elle s'était emparée injustement.

Théodebald, devenu adulte, prit pour femme Vultrade. On dit que ce Théodebald était d'un esprit méchant ; en sorte qu'irrité contre un homme qu'il soupçonnait de lui avoir pris plusieurs choses, il feignit un apologue, et lui dit : Un serpent trouva une bouteille pleine de vin, et, étant entré par le goulot, but avidement ce qui était dedans ; de sorte qu'enflé de vin, il ne pouvait plus sortir par où il était entré. Alors le maître du vin étant arrivé tandis qu'il cherchait à sortir, et ne pouvait en venir à bout, dit au serpent : *rends d'abord ce que tu as pris, et alors tu pourras sortir librement* [x]. Cette fable disposa celui à qui il la disait à beaucoup de crainte et de haine. Sous ce roi, Buccelin, qui avait soumis toute l'Italie à la puissance des Francs, fut tué par Narsès. L'Italie fut reprise pour l'empereur, et personne, depuis, ne l'a reconquise. En ce temps, nous vîmes l'arbre que nous appelons sureau porter des raisins, sans aucune accointance avec la vigne ; et les fleurs de cet arbre, qui, comme on sait, produisent une graine noire, donnèrent une graine propre à la vendange ; et l'on vit entrer dans l'orbite de la lune une étoile qui s'avançait à sa rencontre. Je crois que ces signes annonçaient la mort du roi. Celui-ci, en effet, devenu très infirme, ne pouvait remuer de la ceinture en bas : il mourut peu de temps après, la septième année de son règne (en 553). Le roi Clotaire prit son royaume, et fit entrer dans son lit sa femme Vultrade ; mais, réprimandé par les prêtres, il la quitta, la donna au duc Garivald (duc de Bavière), et envoya en Auvergne son fils Chramne.

Cette année, les Saxons s'étant révoltés, le roi Clotaire fit marcher contre eux une armée, et en extermina la plus grande partie ; il ravagea et dévasta aussi toute la Thuringe, parce qu'elle avait prêté secours aux Saxons.

En ces jours-là, Chramne résidait en Auvergne et y faisait beaucoup de choses contre la raison, ce qui précipita sa sortie de ce monde, car il était fort maudit par le peuple ; il n'aimait aucun de ceux qui pouvaient lui donner des conseils bons et utiles. Mais il rassemblait autour de lui des hommes de bas lieu, jeunes, sans mœurs, et il se plaisait tellement avec eux qu'écoutant leurs conseils, il faisait enlever des filles de sénateurs à la vue de leurs pères. Il dépouilla injurieusement Firmin du titre de comte de la ville et mit à sa place Salluste fils d'Évode ; Firmin se réfugia dans l'église avec sa belle-mère. C'étaient alors les jours du carême, et l'évêque Cautin se disposait à se rendre dans la paroisse de Brioude en chantant les psaumes, selon que l'avait institué saint Gal, ainsi que nous l'avons dit ailleurs. L'évêque sortit donc de la ville avec beaucoup de larmes, craignant qu'il ne lui arrivât quelque malheur en chemin, car il avait appris les menaces du roi Chramne. Pendant qu'il était en route, le roi envoya Imnachaire et Scaphtaire les premiers auprès de lui, et leur dit : Allez et tirez par force de l'église Firmin et Césaire sa belle-mère. L'évêque étant donc parti, comme je l'ai dit, en chantant des psaumes, les envoyés de Chramne entrèrent dans l'église et tachèrent de persuader Firmin et Césaire par beaucoup de paroles trompeuses, et, après avoir longtemps parlé de choses et d'autres en se promenant dans l'église, comme les fugitifs étaient fort occupés de leur entretien, ils les firent approcher des portes de l'édifice sacré qu'on avait ouvertes. Alors Imnachaire ayant saisi dans ses bras Firmin, et Scaphtaire Césaire, ils les poussèrent hors de l'église, où un des serviteurs qu'on avait apostés s'en empara, et sur-le-champ ils les conduisirent en exil ; mais le lendemain, leurs gardes s'étant laissés vaincre par le sommeil, ils s'aperçurent qu'ils pouvaient s'en aller, s'enfuirent à la basilique du bienheureux Julien, et se délivrèrent ainsi de l'exil ; leurs biens furent remis au fisc.

Clotaire, après la mort de Théodebald, s'étant mis en possession du royaume de France (l'Austrasie), apprit, comme il parcourait ses États, que les Saxons, enflammés de nouveau de leur ancienne fureur, s'étaient révoltés et refusaient de payer le tribut qu'ils avaient coutume de donner tous les ans. Irrité de cette nouvelle, il marcha vers eux, et, lorsqu'il fut arrivé près de leur frontière, les Saxons envoyèrent vers lui pour lui dire : Nous ne te méprisons point, et ne refusons pas de te payer ce que nous avions coutume de payer à tes frères et à tes neveux ; nous te donnerons même davantage si tu le demandes ; mais nous te prions de demeurer en paix avec nous, et n'en viens pas aux mains avec notre peuple. Clotaire ayant entendu ces paroles dit aux siens : Ces hommes parlent bien ; ne marchons pas sur eux de peur de pécher contre Dieu. » Mais ils lui dirent : Nous savons que ce sont des menteurs et qu'ils n'ont jamais accompli leur promesse ; marchons sur eux. Alors les Saxons revinrent de nouveau, offrant la moitié de ce qu'ils possédaient et demandant la paix, et le roi Clotaire dit aux siens : Désistez-vous, je vous prie, de l'envie d'attaquer ces hommes, afin que nous n'attirions pas sur nous la colère de Dieu. Mais ils n'y voulurent pas consentir. Les Saxons revinrent encore offrant leurs vêtements, leurs troupeaux et tout ce qu'ils possédaient, et disant : Prenez tout cela et aussi la moitié de nos terres, pourvu seulement que nos femmes et nos petits enfants demeurent libres et, qu'il n'y ait pas de guerre entre nous. » Mais les Francs, ne voulurent point encore consentir à cela. Le roi Clotaire leur dit : Renoncez, je vous prie, renoncez à votre projet, car le droit n'est pas de notre côté ; ne vous obstinez pas à un combat où vous serez vaincus ; mais si vous voulez y aller de votre propre volonté, je ne vous suivrai pas. Alors irrités de colère contre le roi Clotaire, ils se jetèrent sur lui, déchirèrent sa tente, l'accablèrent d'injures furieuses, et l'entraînant par force, voulurent le tuer, s'il ne consentait pas à aller avec eux. Clotaire, voyant cela, marcha avec eux malgré lui. Ils livrèrent donc le combat, et leurs ennemis firent parmi eux un grand carnage, et il périt tant de gens dans l'une et l'autre armée qu'on ne peut ni l'estimer, ni le compter avec exactitude. Clotaire très consterné demanda la paix, disant aux Saxons que ce n'était pas par sa volonté qu'il avait marché contre eux ; l'ayant obtenue, il retourna chez lui.

Les gens de Tours, apprenant que le roi était revenu du massacre fait par les Saxons, se réunirent en faveur du prêtre Euphronius, et étant allés trouver le roi, ils lui présentèrent l'acte de sa nomination pour qu'il l'approuvât. Le roi répondit : J'avais ordonné qu'on instituât le prêtre Caton, pourquoi a-t-on méprisé mes ordres. Ils répondirent : Nous avons été le chercher, mais il n'a pas voulu venir. Comme ils disaient cela,

Caton arriva tout à coup pour prier le roi de renvoyer Cautin et de le nommer évêque d'Auvergne ; mais le roi s'étant moqué de sa demande, il demanda alors qu'on le nommât au siège de Tours qu'il avait méprisé. Le roi lui dit : J'avais d'abord ordonné que tu fusses sacré évêque par les gens de Tours ; mais, à ce que j'apprends, tu as eu cette église en mépris ; ainsi tu n'en obtiendras pas le gouvernement. Et de cette sorte il s'en alla confus, et le roi s'étant informé de saint Euphronius, ils lui dirent qu'il était neveu du bienheureux Grégoire dont nous avons parlé. Le roi répondit : C'est une race relevée et des premières ; que la volonté de Dieu et de saint Martin soit faite, et son élection confirmée. Il donna cette confirmation et saint Euphronius fut sacré évêque, le dix-huitième après saint Martin.

Chramne, comme nous l'avons dit, faisait en Auvergne beaucoup de maux de diverses sortes et était toujours animé de haine contre l'évêque Cautin; il arriva que dans ce temps il fut dangereusement malade et qu'une grande fièvre lui fit tomber tous les cheveux. Il avait avec lui un citoyen d'Auvergne, nommé Ascovinde, homme d'un grand mérite, et éminent en toutes sortes de vertus, qui faisait tous ses efforts pour s'opposer à sa mauvaise conduite, mais ne pouvait y parvenir. Il avait aussi un Poitevin, appelé Léon, qui l'excitait vivement à toutes les mauvaises actions. Celui-ci, conformément à la signification de son nom, était adonné à toutes sortes de passions avec la cruauté d'un lion. On prétend qu'il disait quelquefois que Martin et Martial, confesseurs de Dieu, ne laissaient au fisc rien qui vaille. Frappé soudainement par un miracle des saints confesseurs, il devint sourd et muet et mourut insensé, car inutilement ce pauvre misérable se rendit à l'église de saint Martin de Tours, y célébra des veilles et y offrit des présents ; le saint ne le regarda pas avec sa bonté accoutumée et il s'en retourna aussi malade qu'il était venu.

Chramne cependant ayant quitté l'Auvergne, vint dans la cité de Poitiers ; tandis qu'il y vivait avec beaucoup de magnificence, séduit par de mauvais conseils, il forma le projet de se mettre dit parti de Childebert, son oncle, afin de tendre des embûches à son père ; et son oncle eut la perfidie de lui promettre des secours, tandis que, selon la religion, il aurait dû l'engager à ne se pas déclarer ennemi de son père. S'étant donc entendus par des messagers secrets, ils conspirèrent ensemble contre Clotaire, et Childebert ne se rappela pas que toutes les fois qu'il s'était élevé contre son frère, cela lui avait toujours tourné à confusion. Chramne, étant donc entré dans cette criminelle combinaison, revint à Limoges, et au lieu qu'auparavant il avait voyagé sur les possessions de son père, là il se trouva dans ses propres domaines. Le peuple de Clermont se tenait alors renfermé dans ses murs, et beaucoup mouraient de diverses et dangereuses maladies. Le roi Clotaire envoya vers Chramne deux de ses fils, Charibert et Gontran ; en arrivant en Auvergne, ils apprirent qu'il était dans le Limousin, et continuant leur marche jusques à la montagne appelée Noire, ils l'y trouvèrent. Ils y établirent leurs tentes et assirent leur camp prés de lui, faisant passer vers lui des envoyés, pour lui dire qu'il devait rendre les possessions de son père qu'il avait envahies à tort, sans quoi on se préparerait au combat. Lui, feignant de reconnaître l'autorité de son père, dit : Je ne puis me dessaisir de tout ce que j'ai pris ; mais je désire le garder en ma puissance, du consentement de mon père. Ils le pressèrent de décider la chose entre eux par un combat, et les deux armées étant venues sur le champ de bataille et s'étant mises en mouvement avec un grand appareil, il s'éleva sur-le-champ, pour les empêcher de combattre, une tempête accompagnée de violents éclairs et de beaucoup de tonnerre ; et lorsque chacun fût revenu dans son camp, Chramne trompa ses frères, en leur faisant annoncer par des étrangers la mort de leur père ; car Clotaire était alors, comme nous l'avons dit, à faire la guerre contre les Saxons. Effrayés de cette nouvelle, Charibert et Gontran reprirent en toute diligence le chemin de la Bourgogne. Chramne les suivit avec son armée et marcha jusqu'à la ville de Châlons qu'il assiégea et prit ; puis il poussa jusqu'au château de Dijon ; il y arriva un dimanche, et je vais raconter ce qui s'y passa. Saint Tétrique, évêque, était alors à Dijon. Chramne fut reçu dans la basilique par le susdit évêque, il y mangea le pain, puis se rendit prés de Childebert. Cependant on ne lui permit pas d'entrer dans les murs de Dijon.

Pendant ce temps le roi Clotaire combattait vaillamment contre les Saxons, car les Saxons, excités, à ce qu'on dit, par Childebert, et irrités, depuis l'année précédente, contre les Francs, étaient sortis de leur pays et venus en France où ils arrivèrent jusqu'à la ville de Deutz (près de Cologne), pillant et causant beaucoup de très grands maux.

Chramne, après avoir épousé la fille de Wiliachaire, vint à Paris et s'unit de foi et d'amitié avec le roi Childebert, jurant à son père une inimitié implacable. Pendant que Clotaire combattait contre les Saxons, le roi Childebert entra dans la Champagne Rémoise et arriva jusqu'à la ville de Reims, dévastant tout par le pillage et l'incendie. On lui avait dit que son frère avait été tué par les Saxons, et pensant se rendre maître de tout son royaume, il envahit tous les lieux où il put arriver.

Le duc Austrapius, craignant la poursuite de Chramne, s'enfuit dans la basilique de Saint-Martin ; et le secours divin ne lui manqua pas dans ses tribulations. Chramne, dans l'intention de l'avoir de force, avait défendu que personne osât lui porter des aliments, et ordonné qu'on le gardât si soigneusement qu'il ne pût même obtenir de l'eau à boire, afin que, poussé par la famine, il consentit à sortir de lui-même de la sainte basilique, et qu'on pût le faire périr. Comme il était à demi-mort, quelqu'un entra, lui portant à boire un petit verre d'eau ; mais, au moment où il venait de le prendre, le juge du lieu s'élança rapidement sur lui, et le lui ayant arraché de la main, répandit l'eau à terre ; mais, avec la même rapidité, s'ensuivirent aussitôt la vengeance de Dieu et les signes de la puissance du saint évêque : car le juge qui avait fait cette action, saisi de la fièvre le jour même, expira au milieu de la nuit, et ne vit pas, le lendemain, l'heure à laquelle, dans la basilique du saint, il avait arraché la boisson des mains du fugitif. Après ce miracle, tout le monde s'empressa de porter abondamment à Austrapius ce qui lui était nécessaire ; et, lorsque le roi Clotaire fut revenu dans son royaume, il fut en grand crédit auprès de lui. Quelque temps après, étant entré dans les ordres au château de Selle, situé dans le diocèse de Poitiers, il fut sacré évêque, afin que lorsque Pientius, qui gouvernait alors l'église de Poitou , viendrait à mourir, il pût occuper sa place : mais le roi Charibert en ordonna autrement ; car, lorsque l'évêque Pientius eut passé de ce monde dans l'autre, Pascentius, alors abbé de l'église de Saint-Hilaire, lui succéda par ordre du roi Charibert, bien qu'Austrapius réclamât la possession de ce siège. Ses paroles hautaines ne lui servirent pas de grand'chose ; et lorsqu'il fut retourné à son château, les Taifales, qu'il avait souvent opprimés, s'étant soulevés contre lui, il mourut cruellement, frappé d'un coup de lance. Dans le soulèvement des Taifales, l'église de Poitou recouvra les terres de son diocèse.

Le roi Childebert tomba malade, et, après avoir longtemps demeuré au lit dans la ville de Paris, il mourut (en 558), et fut enterré dans l'église de Saint-Vincent qu'il avait lui-même bâtie. Le roi Clotaire s'empara de son royaume et de ses trésors, et envoya en exil Ultrogothe et ses deux filles. Chramne se rendit aussi auprès de son père ; mais ensuite il lui manqua de foi, et voyant qu'il ne pouvait manquer d'en être puni, il se rendit en Bretagne. Là, il se cacha, avec sa femme et ses enfants, chez Chonobre, comte de Bretagne. Wiliachaire, son beau-père, s'enfuit dans l'église Saint-Martin ; et alors, en punition des péchés du peuple et des moqueries qu'il faisait de cette sainte basilique, elle fut brûlée par Wiliachaire et sa femme ; ce que nous ne pouvons raconter ici sans de profonds soupirs. La ville de Tours avait déjà été consumée quelques années auparavant, et toutes ses églises étaient demeurées dévastées. Par l'ordre de Clotaire, la basilique du bienheureux saint Martin fut recouverte en étain, et rétablie dans tout son ancien éclat. Il parut alors deux armées de sauterelles qui, passant, dit-on, par l'Auvergne et le Limousin, arrivèrent dans la plaine de Romagnac (Romagnat, près de Clermont), et s'y étant livré un grand combat, s'acharnèrent les unes contre les autres. Le roi Clotaire, irrité de colère contre Chramne, marcha en Bretagne avec une armée et Chramne ne craignit pas de marcher, de son côté, contre son père. Tandis que les deux armées étaient mêlées sur le champ de bataille, et Chramne avec les Bretons, commandant les troupes contre son père, la nuit arriva, et fit cesser le combat. Cette même nuit, Chonobre, comte des Bretons, dit à Chramne : Sortir du camp contre ton père, c'est, selon moi, une chose qui ne t'est pas permise ; laisse-moi tomber cette nuit sur lui, et le défaire avec toute son armée. Chramne, aveuglé, je pense, par la puissance divine, ne le permit pas, et, le matin arrivé, les deux armées se mirent en mouvement, et s'avancèrent l'une contre l'autre. Le roi Clotaire allait, comme un nouveau David, prêt à combattre contre son fils Absalon, pleurant et disant : Jette les yeux sur nous, ô Dieu, du haut du ciel, et juge ma cause, car je souffre injustement de la part de mon fils ; regarde et juge avec justice, et prononce ici l'arrêt que tu prononças autrefois entre Absalon et son père David. Les deux armées en étant donc venues aux mains, le comte des Bretons tourna le dos, et fut tué. Après quoi, Chramne commença à fuir vers les vaisseaux qu'il avait préparés sur la mer ; mais, tandis qu'il s'occupait à sauver sa femme et ses filles, il fut atteint par l'armée de son père, pris et lié ; et lorsqu'on eut annoncé la chose à Clotaire, il ordonna qu'il fût brûlé avec sa femme et ses filles : on les enferma donc dans la cabane d'un pauvre homme, où Chramne, étendu sur un banc, fut étranglé avec un mouchoir, et ensuite on mit le feu à la cabane, et il périt avec sa femme et ses filles (en 560).

Le roi Clotaire vint à Tours dans la cinquante et unième année de son règne, apportant beaucoup de présents au tombeau du bienheureux Martin ; et lorsqu'il fut arrivé au tombeau de cet évêque, il se mit à repasser dans son esprit toutes les négligences qu'il pouvait avoir commises, et à prier avec de grands gémissements le bienheureux confesseur d'implorer sur ses fautes la miséricorde de Dieu, et d'obtenir par son intercession qu'il fût lavé de ce qu'il avait fait de contraire à la sagesse ; ensuite, s'en étant allé, comme il était, durant la cinquante et unième année de son règne, dans la forêt de Cuise (la forêt de Compiègne), occupé à la chasse, il fut saisi de la fièvre, et se rendit à Compiègne. La, cruellement tourmenté de la fièvre, il disait : Hélas ! qui pensez-vous que soit ce roi du ciel qui fait mourir ainsi de si puissants rois ? Et il rendit l'esprit dans cette tristesse (en 561). Ses quatre fils le portèrent à Soissons avec de grands honneurs, et l'ensevelirent dans la basilique du bienheureux Médard. Il mourut, l'année révolue, au jour même où Chramne avait été tué.

Chilpéric, après les funérailles de son père, s'empara des trésors rassemblés à Braine (entre Soissons et Reims), et, s'adressant aux plus importants parmi les Francs, il les plia, par des présents, à reconnaître son pouvoir. Aussitôt il se rendit à Paris, siège du roi Childebert, et s'en empara ; mais il ne put le posséder longtemps, car ses frères se réunirent pour l'en chasser, et partagèrent ensuite régulièrement entre eux quatre, savoir, Charibert, Gontran, Chilpéric et Sigebert. Le sort donna à Charibert le royaume de Childebert, et pour résidence Paris ; à Gontran, le royaume de Clodomir, dont le siège était Orléans ; Chilpéric eut le royaume de son père Clotaire, et

Soissons fut sa ville principale ; à Sigebert tomba le royaume de Théodoric, et Reims pour sa résidence.

Après la mort du roi Clotaire, les Huns vinrent dans les Gaules. Sigebert conduisit contre eux une armée, et, leur ayant livré combat (en 562), les vainquit et les mit en fuite ; mais ensuite leur roi lui fit demander son amitié par ses envoyés. Tandis que Sigebert les avait sur les bras, Chilpéric s'empara de Reims et des autres villes qui lui appartenaient ; et ce qu'il y eut de pis, c'est qu'il en résulta entre eux une guerre civile ; car Sigebert, revenant vainqueur des Huns, occupa la ville de Soissons, et y ayant trouvé Théodebert, fils du roi Chilpéric, il le prit et l'envoya en exil ; puis, il marcha contre Chilpéric, lui livra un combat, le vainquit, le mit en fuite, et rentra en possession de ses villes. Il ordonna que, pendant une année entière, Théodebert, fils de Chilpéric, demeurât enfermé à Ponthion; mais ensuite, comme il était clément, il le renvoya à son frère, sain et sauf, et chargé de présents, en lui faisant prêter serment de ne pas agir désormais contre lui ; à quoi Théodebert manqua ensuite avec grand péché.

Le roi Gontran qui avait eu ainsi que ses frères une partie du royaume, ôta à Agricola la dignité de patrice et la donna à Celse (Clesus), homme de haute taille, large des épaules, robuste de poignet, superbe dans ses paroles, prompt à la réplique et versé dans les lois. Il fut par la suite saisi d'une telle avidité de s'enrichir qu'il s'empara souvent des propriétés des églises et les réunit à ses domaines. On rapporte qu'entendant un jour lire dans l'église cette leçon du prophète Isaïe, dans laquelle il dit : *Malheur à vous qui joignez des maisons à des maisons, et qui ajoutez terres à terres jusqu'à ce qu'enfin le lieu vous manque !* (Isaïe, 5, 8), il s'écria : Il est bien insolent de dire ici : malheur à moi et à mon fils. » Mais il laissa un fils qui, mort sans enfants, légua la plus grande partie de ses biens aux églises que son père avait dépouillées.

Le bon roi Gontran fit d'abord entrer dans son lit, comme concubine, Vénérande, une de ses servantes, dont il eut un fils nommé Gondebaud. Il prit ensuite en mariage Marcatrude, fille de Magnaire, et envoya son fils Gondebaud à Orléans. Marcatrude, ayant eu un fils, devint jalouse de Gondebaud et attenta à sa vie. On dit qu'elle le fit mourir en mettant du poison dans sa boisson. Lui mort, Marcatrude, par le jugement de Dieu, perdit son fils, et encourut la haine du roi qui la renvoya ; elle mourut peu de temps après. Après quoi le roi épousa Austrechilde, surnommée Bobyla ; il en eut deux fils, dont le plus âgé se nommait Clotaire et le plus jeune Clodomir.

Le roi Charibert prit pour femme Ingoberge, de qui il eut une fille, qui fût ensuite mariée et conduite dans le pays de Kent. Ingoberge avait à son service deux jeunes filles d'un pauvre homme, dont la première s'appelait Marcovèfe, et portait l'habit religieux, l'autre s'appelait Méroflède. Le roi était très épris d'amour pour elles. Elles étaient, comme nous l'avons dit, filles d'un ouvrier en laine. Ingoberge, jalouse de ce que le roi les aimait, donna secrètement à leur père de l'ouvrage à faire, afin que lorsque le roi le saurait, il prît les filles en haine. Pendant qu'il travaillait, elle fit appeler le roi, qui vint croyant qu'elle voulait lui montrer quelque chose de nouveau, et vit de loin cet homme qui raccommodait les laines du palais. A cette vue, irrité de colère il quitta Ingoberge et épousa Méroflède. Il eut aussi une autre jeune fille nommée Teutéchilde, née d'un berger, c'est-à-dire d'un pasteur de troupeaux. On dit qu'elle lui donna un fils qui, en sortant du sein de sa mère, fut aussitôt porté au tombeau.

Le roi Sigebert, qui voyait ses frères s'allier à des épouses indignes d'eux, et prendre pour femmes, à leur grand déshonneur, jusqu'à leurs servantes, envoya des ambassadeurs en Espagne chargés de beaucoup de présents pour demander en mariage Brunehault (Brunichilde), fille du roi Athanagild (en 566). C'était une jeune fille de manières élégantes, belle de figure, honnête et décente dans ses mœurs, de bon conseil et d'agréable conversation. Son père consentit à l'accorder, et l'envoya au roi avec de grands trésors ; et celui-ci ayant rassemblé les seigneurs et fait préparer des fauteuils, la prit pour femme avec une joie et des réjouissances infinies. Elle était soumise à la loi arienne ; mais les prédications des prêtres et les exhortations du roi lui-même la convertirent ; elle crut et confessa la Trinité une et bienheureuse, reçut l'onction du saint chrême (en 613), et par la vertu du Christ, persévéra dans la foi catholique.

Le roi Chilpéric, qui avait déjà plusieurs femmes, voyant ce mariage, demanda Galsuinthe, sœur de Brunehault, promettant, par ses envoyés, que s'il pouvait obtenir une femme égale à lui et de race royale, il délaisserait toutes les autres. Le père reçut ses promesses, et lui envoya sa fille, comme il avait envoyé l'autre, avec de grandes richesses. Galsuinthe était plus âgée que Brunehault : lorsqu'elle arriva vers le roi Chilpéric, il la reçut avec grand honneur ; et la prit en mariage. Il l'aimait d'un très grand amour, et avait reçu d'elle de très grands trésors ; mais il s'éleva entre eux beaucoup de bruit pour l'amour de

Frédégonde qu'il avait eue auparavant comme maîtresse. Galsuinthe avait été convertie à la foi catholique, et avait reçu le saint chrême. Elle se plaignait de recevoir du roi des outrages continuels, et disait qu'elle vivait prés de lui sans honneur. Elle demanda donc qu'il lui permit de retourner dans son pays ; lui laissant tous les trésors qu'elle lui avait apportés. Celui-ci, dissimulant avec adresse, l'apaisa par des paroles de douceur ; mais enfin il ordonna à un domestique de l'étrangler, et on la trouva morte dans son lit. Après sa mort, Dieu produisit par elle un grand miracle, car une lampe qui brûlait devant son sépulcre, suspendue à une corde, tomba sur le pavé, la corde s'étant rompue sans que personne y touchât ; en même temps la dureté du pavé disparaissant à ce contact, la lampe s'enfonça tellement dans cette matière amollie, qu'elle y fut à moitié ensevelie sans se briser aucunement, ce qu'on ne put voir sans y reconnaître un grand miracle. Le roi pleura sa mort, puis épousa Frédégonde quelques jours après. Alors ses frères, ayant entendu dire que c'était par son ordre que sa femme avait été tuée, le chassèrent de son royaume. Chilpéric avait trois fils d'Audovère sa première femme, savoir, Théodebert, dont nous avons parlé, Mérovée et Clovis. Mais poursuivons les récits commencés.

Les Huns s'efforçaient de rentrer de nouveau dans les Gaules. Sigebert marcha contre eux à la tête d'une armée et accompagné d'une grande multitude d'hommes vaillants ; mais, au moment du combat, les Huns, habiles dans l'art de la magie, firent paraître à leurs yeux divers fantômes et les vainquirent entièrement. L'armée de Sigebert ayant été mise en fuite, lui-même fut retenu prisonnier par les Huns ;

mais, comme il était agréable d'esprit et plein d'adresse, il vainquit par les présents ceux qu'il n'avait pu vaincre par la force des combats, et ses libéralités engagèrent le roi des Huns à convenir avec lui que, durant le reste de leur vie, ils ne se feraient plus la guerre ; ce qu'on a pensé avec juste raison devoir tourner à la louange de Sigebert plutôt qu'à sa honte. Le roi des Huns fit aussi beaucoup de présents au roi Sigebert ; on l'appelait le Chagan, ce qui est le nom de tous les rois de cette nation.

Le roi Sigebert, désirant s'emparer de la ville d'Arles, ordonna aux habitants de l'Auvergne de se mettre en marche (en 566). Ils avaient alors pour comte Firmin (Firminus) qui se mit à leur tête. D'une autre part vint Audovaire, aussi à la tête d'une armée ; ils entrèrent dans la ville d'Arles, et firent prêter serment au roi Sigebert. Le roi Gontran l'ayant appris, envoya le patrice Celse à la tête d'une armée ; arrivé à Avignon, il prit cette ville, marcha ensuite vers Arles, et l'ayant environnée, commença à attaquer l'armée du roi Sigebert qui y était enfermée. Alors l'évêque Sabaude leur dit : Sortez des murs et livrez le combat ; car, enfermés dans ces murs, vous ne pourriez vous défendre non plus que le territoire de cette ville. Si, par la grâce de Dieu, vous êtes vainqueurs, nous vous garderons la foi que nous vous avons promise ; si au contraire ce sont eux lui l'emportent, voici que vous trouverez les portes ouvertes, entrez-y alors pour ne pas périr. Trompés par cet artifice, ils sortirent des murs et se prirent en bataille ; mais lorsque vaincus par l'armée de Celse, et commençant à fuir, ils revinrent à la ville, ils en trouvèrent les portes fermées ; l'armée ennemie les poursuivant à coups de traits par derrière, et les gens de la ville les accablant de pierres, ils se dirigèrent vers le fleuve du Rhône, et se mirent sur leurs boucliers pour gagner l'autre rive ; mais emportés par la violence du fleuve un grand nombre se noyèrent.

Un petit nombre, put à peine, en nageant et à l'aide des boucliers, gagner l'autre bord. Dépouillés de tout ce qu'ils possédaient, privés de leurs chevaux, ils retournèrent dans leur pays, non sans de grands travaux ; on donna cependant à Firmin et à Audovaire la liberté de s'en retourner. Plusieurs des Auvergnats périrent non seulement emportés par le torrent, mais aussi par les coups du glaive. De cette manière, Gontran rentra en possession de cette ville, et avec sa bonté accoutumée rendit Avignon à son frère.

Le roi Atllanagild étant mort en Espagne, Liuva (Leuva) et son frère Leuvigild montèrent sur le trône. Après la mort de Liuva, son frère Leuvigild posséda le royaume tout entier, et ayant perdu sa femme, il épousa Gonsuinthe, mère de la reine Brunehault. Il avait de sa première femme deux fils, dont l'un épousa la fille de Sigebert, et l'autre la fille de Chilpéric. Il partagea son royaume également entre eux, et fit périr, sans en laisser un seul, tous ceux qui avaient la coutume de tuer les rois.

L'empereur Justinien étant mort dans la ville de Constantinople (en 565), Justin fit une brigue pour parvenir à l'empire. C'était un homme adonné à une grande avarice, contempteur des pauvres, qui dépouillait les sénateurs, et se livrait à une telle cupidité qu'il fit faire des coffres de fer, dans lesquels il entassait des pièces d'or. On dit aussi qu'il tomba dans l'hérésie de Pélage (Pélagius). Après peu de temps, devenu insensé, il appela à lui, pour défendre ses provinces, Tibère César, homme juste, aumônier, équitable, éclairé et gagneur de batailles, et, ce qui surpasse toutes ces vertus, très véritable chrétien. Le roi Sigebert envoya à l'empereur Justin, le Franc Warinaire et Firmin l'Auvergnat pour lui demander la paix. Ils allèrent sur des vaisseaux, et arrivant à Constantinople, après s'être entretenus avec l'empereur, obtinrent ce qu'ils demandaient. L'année suivante, ils revinrent dans la Gaule. Ensuite la ville d'Antioche en Égypte, et Apamée en Syrie, ville considérable, furent prises par les Perses et leurs peuples emmenés en captivité. La basilique de saint Julien martyr à Antioche, fut brûlée par un terrible incendie. Les Persarméniens vinrent, avec une grande quantité de tissus de soie, trouver l'empereur Justin, pour lui demander son amitié, racontant que l'empereur des Perses était irrité contre eux, car il était venu dans leur pays des envoyés de sa part, disant : *L'empereur est inquiet de savoir si vous gardez fidèlement l'alliance que vous avez faite avec lui.* Eux ayant répondu qu'ils observaient sans y manquer tout ce qu'ils avaient promis, les envoyés dirent : *La fidélité de votre amitié paraîtra en ceci que vous adorerez comme lui le feu qui est l'objet de son culte.* Le peuple ayant répondu que jamais il n'en ferait rien, l'évêque qui était présent dit : *Quelle divinité y a-t-il dans le feu pour qu'on nous demande de l'adorer ? Le feu que Dieu a créé pour l'usage de l'homme, qui s'enflamme quand on lui donne des aliments, que l'eau éteint, qui brille quand on l'approche, et s'amortit si on le néglige.* Comme l'évêque poursuivait ce discours et d'autres semblables, les envoyés, transportés de fureur, l'accablèrent d'injures, et le frappèrent avec des bâtons. Le peuple, voyant son évêque couvert de sang, se jeta sur les envoyés, les saisit, les tua et, comme nous l'avons dit, envoya demander à l'empereur Justin son amitié.

Palladius, fils de Brittien (Brittianus), autrefois comte, et de Césarie, avait été promu par Sigebert aux fonctions de comte de Javoulz, ville du Velay ; mais la discorde s'étant élevée entre lui et l'évêque Parthénius, excitait de grands combats parmi le peuple, car il accablait l'évêque d'outrages, d'affronts de toute sorte, et d'injures criminelles, envahissant les biens de l'Église, et dépouillant ceux qui lui appartenaient. D'où il arriva que la division s'accroissant entre eux, ils se rendirent devant le susdit prince. Comme ils s'accusaient à l'envi de diverses choses, Palladius s'écria que l'évêque était un homme mou et efféminé, disant : *Où sont tes maris avec lesquels tu vis dans la honte et l'infamie* ? L'année suivante, Palladius, dépouillé des fonctions de comte, revint en Auvergne, et Romain (*Romanus*) brigua sa place. Il arriva qu'un jour ils se rencontrèrent à Clermont, et comme ils se disputaient cette place de comte, il vint aux oreilles de Palladius que le roi Sigebert devait le faire mourir, ce qui se trouva faux et inventé par Romain. Mais Palladius, consterné de frayeur, tomba dans de telles angoisses qu'il menaçait de se détruire de sa propre main, et comme sa mère et son beau-père Firmin veillaient attentivement à ce qu'il n'exécutât point ce qu'il avait résolu dans l'amertume de son cœur, s'étant dérobé quelques moments à la présence de sa mère, il entra dans sa chambre à coucher, et profitant de cet instant de solitude, tira son épée, mit ses deux pieds sur la poignée, en dressa la pointe contre sa poitrine, et s'étant appuyé dessus, le fer entra dans une des mamelles et ressortit par l'épaule. L'ayant redressé de nouveau, il se perça de même du côté opposé, et tomba mort. Sa mère, accourant à moitié morte, se jeta sur le corps du fils qu'elle venait de perdre, et toute la maison poussa des cris de douleur. Il fut porté à la sépulture au monastère de Cournon (10 Kms au S.-E. de Clermont), mais il ne fut point placé près des corps des chrétiens, et on n'obtint pas qu'il y eût des messes célébrées pour lui.

Alboin, roi des Lombards, qui avait épousé Clotsinde, fille du roi Clotaire, ayant quitté son pays, partit pour l'Italie avec toute la nation des Lombards (en 568). L'armée se mit en marche accompagnée des femmes et des enfants, résolue à s'établir en Italie. Entrés dans ce pays, ils le parcoururent en tous les sens pendant sept ans, dépouillèrent les églises, tuèrent les prêtres et réduisirent toute la contrée sous leur domination. Clotsinde, femme d'Alboin, étant morte, il épousa une autre femme, dont il avait peu de temps auparavant tué le père ; en sorte que cette femme, qui à cause de cela avait toujours haï son mari, attendait l'occasion de pouvoir venger son père. Il arriva donc qu'éprise d'un désir d'amour pour un de ses domestiques, elle fit périr son mari par le poison, et, lorsqu'il fut mort, s'en alla avec le domestique. Mais on les prit et on les fit mourir tous deux. Les Lombards nommèrent alors un autre roi pour les gouverner.

Ennius, surnommé Mummole, fut élevé par le roi Gontran au rang de patrice. Je crois qu'il sera bon de rapporter quelque chose de plus sur l'origine de sa fortune militaire. Il était né de Pæonius et habitait la ville d'Auxerre. Pæonius gouvernait cette ville en qualité de comte. Comme il avait envoyé son fils vers le roi avec des présents, pour obtenir d'être continué dans ses fonctions, celui-ci, au moyen des richesses de son père, brigua le comté pour lui-même, supplanta son père qui l'avait envoyé pour le servir, et, parvenant ensuite par degrés, il s'éleva à la plus haute dignité. Les Lombards ayant fait une irruption dans les Gaules, le patrice Aimé, récemment nommé à la place de Celse, marcha contre eux, et leur ayant livré bataille, prit la fuite et fut tué. Les Lombards firent en cette occasion un tel carnage des Bourguignons qu'il a été impossible de calculer le nombre des morts (en 571). Ils retournèrent en Italie chargés de butin. Après leur départ, Ennius, dit Mummole, appelé par le roi, fut élevé à la dignité suprême du patriciat. Les Lombards se précipitèrent de nouveau sur les Gaules, et vinrent jusqu'à Mouches-Calmes, près de la ville d'Embrun. Mummole se mit en marche à la tête d'une armée, arriva avec ses Bourguignons, environna les Lombards, et faisant des abattis dans la forêt, passa au travers, tomba sur eux par des chemins détournés, en tua beaucoup et en prit plusieurs qu'il envoya au roi, qui ordonna de les retenir prisonniers en divers lieux. Peu se sauvèrent par la fuite pour aller porter cette nouvelle dans leur pays.

Deux frères, Salone et Sagittaire, tous deux évêques, se montrèrent dans ce combat, armés non pas de la croix céleste, mais de la cuirasse et du casque séculiers ; et ce qu'il y a de pis, ils tuèrent, dit-on, beaucoup des ennemis de leur propre main. Ce fut ici la première fois que Mummole vainquit dans les combats. Ensuite les Saxons, qui étaient venus en Italie avec les Lombards, firent une nouvelle irruption dans les Gaules et campèrent sur le territoire de Riez dans le domaine d'Establon (Estoublon, arr. de

Dignes) parcourant les métairies appartenant aux villes voisines, enlevant du butin, emmenant des captifs et ravageant tout. Mummole l'ayant appris se mit en marche avec son armée, tomba sur eux et en tua plusieurs milliers, sans cesser le carnage jusqu'au soir, où la nuit l'obligea de l'interrompre ; car il les avait surpris à l'improviste au moment où ils ne se doutaient nullement de ce qui allait leur arriver. Le matin venu, les Saxons rangèrent leur armée et se préparèrent au combat ; mais des messagers passèrent de l'un à l'autre camp et conclurent la paix. Ils firent des présents à Mummole et s'en allèrent laissant tout le butin et les captifs qu'ils avaient faits dans le pays ; mais ils jurèrent, avant de s'éloigner, qu'ils reviendraient se mettre sous l'obéissance des rois et porter secours aux Francs. Étant donc retournés en Italie, ils prirent avec eux leurs femmes, leurs petits enfants et tout leur mobilier pour revenir dans les Gaules, et recueillis par le roi Sigebert, s'établirent dans le lieu d'où ils étaient sortis. Ils se partagèrent en deux troupes appelées coins. L'une des deux vint par la ville de Nice, l'autre par Embrun, tenant la même route que l'année précédente. Ils se réunirent sur le territoire d'Avignon ; c'était alors le temps de la moisson et la plus grande partie des fruits de la terre était dehors, et les habitants n'en avaient encore rien serré dans leurs demeures. Les Saxons donc venaient dans les aires, se partageaient les épis ; les mettaient en gerbes, les battaient et mangeaient le grain sans en rien laisser à ceux qui l'avaient cultivé ; mais lorsque après avoir consomma la récolte, ils approchèrent des bords du Rhône pour passer le torrent, et se rendre dans le royaume du roi Sigebert, Mummole se présenta à leur rencontre, disant : *Vous ne passerez pas ce torrent. Voilà que vous avez dépeuplé les pays du roi mon maître, recueilli les épis, ravagé les troupeaux, livré les maisons aux flammes, abattu les oliviers et les vignes ; vous ne remonterez pas sur ce rivage que vous n'ayez d'abord satisfait ceux que vous avez laissés dans la misère. Et si vous ne le faites, vous n'échapperez pas de mes mains sans avoir senti le poids de mon épée sur vous, sur vos femmes et sur vos enfants, pour venger l'injure du roi mon maître.* Saisis d'une grande frayeur, ils donnèrent pour se racheter beaucoup de milliers de pièces d'or, et alors il leur fut permis de passer, et ils arrivèrent en Auvergne. C'était alors le printemps ; ils y portèrent des pièces d'airain gravées, qu'ils donnaient pour de l'or, et ceux qui les voyaient ne pouvaient douter que ce ne fût de l'or essayé et éprouvé, tant elles étaient bien colorées par je ne sais quel art. En sorte que beaucoup de gens trompés par cette fraude, donnant de l'or et recevant du cuivre, tombèrent dans la pauvreté. Les Saxons s'étant rendus près du roi Sigebert furent établis dans le lieu d'où ils étaient d'abord sortis.

Sous le règne du roi Sigebert, Jovin (Jovinus) ayant été dépouillé de la dignité de gouverneur de la Provence, Albin fut mis à sa place, ce qui excita entre eux une grande inimitié. Il était arrivé au port de Marseille des vaisseaux venus de par-delà les mers. Les gens de l'archidiacre Vigile dérobèrent, à l'insu de leur maître, soixante-dix vases, vulgairement nommés tonneaux, remplis d'huile et de graisse : le négociant s'apercevant qu'on lui avait dérobé par le vol ce qui lui appartenait, commença à rechercher soigneusement en quel lieu avait été caché le larcin. Comme il s'informait, quelqu'un lui dit que cela avait été fait par les gens de l'archidiacre Vigile. Le bruit en parvint à l'archidiacre qui, s'étant enquis et trouvant la chose vraie, ne voulut pas l'avouer, mais commença à justifier ses gens, en disant : Il n'y a personne dans ma maison qui osât commettre une telle chose. L'archidiacre, dis je, niant donc de cette manière, le négociant eut recours à Albin, intenta une poursuite, exposa son affaire, et accusa l'archidiacre de complicité dans ce crime de fraude.

Le jour de la naissance du Seigneur, l'évêque s'étant rendu dans la cathédrale, l'archidiacre, présent et vêtu de l'aube, invitait, selon l'usage, l'évêque à s'approcher de l'autel, afin de célébrer en temps opportun la solennité de ce saint jour ; aussitôt Albin, se levant de son siège, saisit et entraîna l'archidiacre, le frappa des pieds et des poings, et le fit conduire dans les prisons. Jamais ni l'évêque, ni les citoyens, ni les hommes des premières familles, ni les clameurs du peuple qui s'écriait tout d'une voix, ne purent obtenir qu'en donnant caution, l'archidiacre demeurât pour célébrer avec les autres la sainteté de ce jour, et qu'on remît ensuite à entendre son accusation. Le respect de ces saintes solennités n'empêcha pas que, dans un si grand jour, on n'osât arracher des autels un ministre du Seigneur : que dirai-je de plus ? L'archidiacre fut condamné à une amende de quatre mille sous d'or ; mais l'affaire ayant été portée devant le roi Sigebert, Albin, à la poursuite de Jovin, fut obligé de payer, par composition à l'archidiacre, le quadruple de la somme.

Après ce temps, trois chefs lombards, Amon, Zaban et Rhodan, firent une irruption dans la Gaule. Amon prit la route d'Embrun jusqu'à Macheville, dans le territoire d'Avignon, domaine que Mummole tenait d'un présent du roi, et y fixa ses tentes. Zaban descendit par la ville de Die jusqu'à Valence et y plaça son camp ; et Rhodan, arrivé à Grenoble, y déploya ses pavillons. Amon ravagea aussi toute la province d'Arles et les villes situées dans ses environs ; il vint jusqu'au champ de la Crau (Champs des Pierres), qui tient à la ville de Marseille, et en enleva des troupeaux et des hommes : il se disposait aussi à mettre le siège devant la ville d'Aix, mais il s'en éloigna pour le prix de vingt-deux livres d'argent. Rhodan et Zaban en firent autant dans les lieux où ils arrivèrent. Ces nouvelles ayant été apportées à Mummole, il se mit en marche avec une armée et alla contre Rhodan qui dévastait la cité de Grenoble. Comme l'armée de Mummole était occupée à traverser avec beaucoup de peine l'Isère, il arriva que, par un ordre exprès de Dieu, un animal entra dans le fleuve et en indiqua le gué, en sorte que les gens de Mummole arrivèrent à l'autre rive ; ce que voyant les Lombards, ils tirèrent l'épée et vinrent sans délai à leur rencontre. Les deux armées se livrèrent un combat ; les Lombards furent battus, et Rhodan, blessé d'un coup de lance, s'enfuit sur le haut des montagnes, d'où, avec cinq cents hommes qui lui restaient, il se jeta dans les forêts, et, à travers des chemins détournés, alla retrouver Zaban qui faisait alors le siège de la ville de Valence ; il lui raconta ce qui venait de se passer ; alors tous deux de concert, mettant tout au pillage, retournèrent à la ville d'Embrun : là, Mummole vint se présenter à eux avec une armée innombrable ; on livra la bataille ; les troupes lombardes furent défaites et mises en pièces, et les chefs n'en ramenèrent en Italie qu'un petit nombre. Ils arrivèrent à la ville de Suze, et furent mal reçus par les habitants du lieu, d'autant plus que Sizinius (Sissinius), maître des milices pour l'empereur, résidait dans cette ville. Un esclave, feignant de venir de la part de Mummole, apporta devant Zaban des lettres à Sizinius, le saluant au nom de Mummole et disant : Lui-même est proche d'ici ; ce que Zaban ayant entendu, il prit sa course, et, traversant la ville, s'en éloigna rapidement. Cette nouvelle étant parvenue aux oreilles d'Amon, il rassembla tout son butin ; mais, comme les neiges lui faisaient obstacle, il put à grand'peine, laissant son butin, se sauver avec un petit nombre d'hommes. La valeur de Mummole les avait saisis de crainte.

Mummole livra beaucoup de combats, dans lesquels il demeura vainqueur, Après la mort de Charibert, Chilpéric ayant envahi la Touraine et le Poitou, qui par traité appartenaient au roi Sigebert, ce roi, d'accord avec son frère Gontran, choisit Mummole pour remettre ces villes sous leur puissance. Arrivé dans le pays de Tours, il en chassa Clovis, fils de Chilpéric, exigea du peuple serment de fidélité au roi Sigebert, et se rendit en Poitou ; mais Bazile (Basilius) et Sigaire (Sigharius), citoyens de Poitiers, ayant rassemblé le peuple, voulurent résister ; alors il les entoura de divers côtés, les accabla, les tua, et, arrivant à Poitiers, en exigea le serment.

Clovis, fils de Chilpéric, chassé de Tours, se rendit à Bordeaux ; et tandis qu'il habitait cette ville, sans que personne songeât à l'inquiéter, un certain Sigulph, du parti de Sigebert, s'éleva contre lui, et l'ayant mis en fuite, il alla après lui, le pourchassant avec des cors et des trompettes, comme un cerf aux abois : à peine put-il trouver un passage pour retourner vers son père ; cependant, ayant passé par Angers, il parvint jusqu'à lui. Comme il s'était alors élevé un différend entre les rois Gontran et Sigebert, le roi Gontran rassembla à

Paris tous les évêques de son royaume, pour qu'ils décidassent auquel des deux appartenait le droit ; mais la discorde civile s'étant envenimée, les rois firent le péché de négliger leurs avis. Le roi Chilpéric, irrité parce que Théodebert, son fils aîné, gagné autrefois par Sigebert, lui avait prêté serment de fidélité, s'empara des villes de celui-ci, savoir, Tours, Poitiers et les autres villes en deçà de la Loire. Arrivant à Poitiers, il livra combat au duc Gondebaud. L'armée de Gondebaud ayant pris la fuite, il se fit un grand carnage de ce peuple. Chilpéric brûla aussi la plus grande partie du pays de Tours ; et si les habitants ne s'étaient soumis pour le moment, il aurait entièrement ravagé leurs terres. S'avançant ensuite avec son armée, il envahit, dévasta, désola Limoges, Cahors et toutes ces provinces, brûla les églises, interrompit le service de Dieu, tua les clercs, détruisit les monastères d'hommes, insulta ceux de filles, et ravagea tout. Il y eut en ce temps dans l'Eglise un plus grand gémissement qu'au temps de la persécution de Dioclétien.

Et nous nous émerveillons de ce que tant de maux se sont précipités sur eux ! mais jetons les yeux sur ce qu'ont fait leurs pères, et voyons ce qu'ils font. Ceux-là, sur les prédications des prêtres, avaient quitté les temples pour les églises ; ceux-ci, chaque jour, livrent les églises au pillage ; ceux-là écoutaient, révéraient de tout leur cœur les prêtres du Seigneur ; ceux-ci non seulement ne les écoutent pas, mais ils les persécutent ; ceux-là enrichissaient les églises et les monastères ; ceux-ci les bouleversent et les détruisent, que dirai-je ici du monastère de la Latte, qui possédait des reliques de saint Martin ? Une troupe d'ennemis étant arrivée, et se disposant à passer la rivière proche du monastère, afin de le dépouiller, les moines les appelèrent, et leur dirent : Gardez-vous, ô Barbares, gardez-vous de passer le fleuve, car ce monastère appartient au bienheureux Martin. Plusieurs d'entre eux, entendant ces paroles, furent émus de la crainte de Dieu, et se retirèrent ; mais une vingtaine qui ne craignaient point Dieu et n'honoraient pas le saint confesseur, montèrent sur un bateau qui les passa à l'autre bord, et, poussés par l'ennemi des hommes, ils battirent les moines, mirent le monastère sens dessus dessous, et emportèrent tout ce qu'il contenait : ils en firent des paquets qu'ils mirent sur leur bateau ; mais lorsqu'ils firent entrés dans la rivière, le bateau agité les emporta çà et là. Comme ils n'avaient pas le secours des rames, ils s'efforcèrent de revenir au bord, en appuyant le bois de leurs lances au fond de la rivière ; mais le bateau s'ouvrit sous leurs pieds, et chacun se tenant la poitrine appuyée contre le fer de sa lance, ils furent tous transpercés par leurs propres armes. Un seul qui les avait réprimandés pour les empêcher de commettre cette action, demeura sans blessure, en sorte que si quelqu'un voulait regarder cet évènement comme un effet du hasard, il suffira de remarquer qu'entre plusieurs, le seul qui fût innocent, échappa au malheur. Ceux-ci morts, les moines les tirèrent du fleuve, ainsi que leurs effets, ensevelirent les corps, et rapportèrent dans la maison ce qui leur appartenait.

Tandis que cela se passait, Sigebert fit marcher les nations qui habitent au-delà du Rhin, et, se préparant à la guerre civile, forma le projet de s'avancer contre son frère Chilpéric (en 571). Chilpéric l'ayant appris, des envoyés de sa part se rendirent près de son frère Gontran. Ils firent alliance, se promettant mutuellement qu'aucun des deux ne laisserait périr son frère. Mais le roi Sigebert étant arrivé à la tête de ses troupes, tandis que Chilpéric l'attendait d'autre part avec son armée, Sigebert, qui ne trouvait pas d'endroit pour passer la Seine et aller à la rencontre de son frère, envoya un message à son frère Gontran pour lui dire : Si, pour ton malheur, tu ne me laisses pas passer ce fleuve, je marcherai sur toi avec toute mon armée. Craignant qu'il ne le fit ainsi, il entra en alliance avec lui, et le laissa passer. Chilpéric, apprenant que Gontran l'avait abandonné, et s'était rangé du parti de Sigebert, leva son camp, et se retira jusqu'au bourg d'Alluye, dans le territoire de Chartres. Sigebert le suivit et lui demanda de se préparer à la bataille ; mais Chilpéric, craignant que, par la ruine de ces deux armées, les deux royaumes ne vinssent à périr, demanda la paix, et rendit à Sigebert les villes dont Théodebert s'était injustement emparé, priant qu'en aucun cas les habitants ne fussent traités comme coupables, puisqu'il les avait injustement contraints par le fer et par le feu. Les bourgs situés aux environs de Paris furent entièrement consumés par la flamme : l'ennemi détruisit les maisons comme tout le reste, et emmena même les habitants en captivité. Le roi conjurait qu'on n'en fit rien ; mais il ne pouvait contenir la fureur des peuples venus de l'autre bord du Rhin. Il supportait donc tout avec patience, jusqu'à ce qu'il pût revenir dans son pays. Quelques-uns de ces païens se soulevèrent contre lui, lui reprochant de s'être soustrait au combat ; mais lui, plein d'intrépidité, monta à cheval, se présenta devant eux, les apaisa par des paroles de douceur, et ensuite en fit lapider un grand nombre. On ne saurait douter que ce ne soit par les mérites de saint Martin que la paix se fit sans combat.

Mon âme s'afflige d'avoir à raconter ces guerres civiles. L'année suivante Chilpéric fit de nouveau partir des envoyés pour aller vers son frère Gontran, et lui dire : Que mon frère vienne me trouver ; voyons-nous, et quand nous aurons fait la paix poursuivons ensemble Sigebert notre ennemi. Cela se fit ainsi, ils se virent, se firent d'honorables présents, et Chilpéric, à la tête de son armée, arriva jusqu'à Reims brûlant et ravageant tout. Sigebert, l'ayant appris, rassembla de nouveau ces peuples dont nous avons déjà parlé, vint à Paris, et se disposant à marcher contre son frère, envoya des messagers dans le pays de Châteaudun et celui de Tours, pour ordonner aux gens de ce pays de marcher contre Théodebert. Ceux-ci reculant à lui obéir, le roi leur envoya pour chefs Godégésile et Gontran qui, levant une armée, marchèrent contre Théodebert. Celui-ci, abandonné des siens, demeura avec peu de monde. Cependant il n'hésita pas à livrer le combat. Il fut vaincu et tué sur le champ de bataille, et, chose douloureuse à raconter, son corps inanimé fut dépouillé par les ennemis. Mais un certain Arnulph le retira d'entre les morts, le lava, et l'enveloppant de vêtements honorables, l'ensevelit dans la cité d'Angoulême. Chilpéric apprenant que Gontran et Sigebert avaient de nouveau fait la paix, se fortifia dans les murs de Tournai avec sa femme et ses fils.

On vit cette année une lueur brillante parcourir le ciel, comme on l'avait vu avant la mort de Clotaire. Sigebert ayant occupé les villes situées au-delà de Paris, alla jusqu'à la ville de Rouen, voulant céder cette ville aux étrangers, ce que les siens l'empêchèrent de faire. L'ayant donc quittée, il retourna à Paris où Brunehault le vint trouver avec ses fils ; alors ceux des Francs qui avaient suivi jadis Childebert l'ancien, envoyèrent vers Sigebert pour qu'il vint vers eux, afin qu'abandonnant Chilpéric, ils le reconnussent pour roi.

Celui-ci entendant cette nouvelle, envoya des gens pour assiéger son frère à Tournai, formant le projet d'y marcher lui-même en personne. L'évêque Saint-Germain lui dit : Si tu y vas dans l'intention de ne pas tuer ton frère, tu reviendras vivant et vainqueur ; mais si tu as d'autres pensées, tu mourras.

Celui-ci, à son grand péché, méprisa les paroles du saint, et arrivant à un village du nom de Vitry (sur la Scarpe, arr. d'Arras), il rassembla toute l'armée, qui le plaçant sur un bouclier, le proclama roi. Alors deux serviteurs de la reine Frédégonde, qu'elle avait ensorcelé, par des maléfices, s'approchèrent de lui sous quelque prétexte, armés de forts couteaux, vulgairement appelés *scramasax*, et dont la lame était empoisonnée, et le frappèrent chacun dans un des flancs. Il poussa un cri et tomba, et peu de temps après rendit l'esprit (fin 575). Charégisile son chambellan périt aussi dans cette occasion, et Sigila, venu du pays des Goths, y fut aussi extrêmement blessé; le roi Chilpéric l'ayant pris ensuite, lui fit brûler toutes les jointures en lui appliquant des fers rougis et tous ses membres ayant été séparés les uns des autres, il finit sa vie dans les tourments. Charégisile avait été aussi léger dans ses actions que chargé de cupidité. Sorti de bas lieu, il prit par ses flatteries beaucoup de crédit auprès du roi. Il envahissait les biens des autres, violait les testaments, et il mourut de cette manière, afin que celui qui avait souvent détruit les dernières volontés des morts n'obtint pas, au moment où la mort vint tomber sur lui, le pouvoir de dicter lui-même ses volontés.

Chilpéric, entre la mort et la vie, attendait, immobile et en suspens, ce qui allait arriver de lui, lorsque des messagers vinrent lui annoncer la mort de son frère ; alors il sortit de Tournai avec sa femme et ses fils, et fit ensevelir Sigebert dans le bourg de Lambres (près de Douai) ; transporté ensuite à Soissons dans la basilique de Saint-Médard qu'il avait bâtie, Sigebert y fut enterré près de son père Clotaire. Il mourut la quatorzième année de son règne, âgé de quarante ans. Depuis la mort de Théodebert Ier jusqu'à celle de Sigebert, on compte vingt-neuf ans, et dix-huit entre la mort de Sigebert et celle de son neveu Théodebert. Sigebert mort, son fils Childebert régna à sa place.

On compte deux mille deux cent quarante ans depuis le commencement du monde jusqu'au déluge ; neuf cent quarante-deux depuis le déluge jusqu'à Abraham ; quatre cent soixante-deux jusqu'à l'époque où les enfants d'Israël sortirent d'Égypte ; quatre cent quatre-vingts depuis la sortie d'Egypte jusqu'à l'édification du temple de Salomon ; trois cent quatre-vingts depuis l'édification du temple jusqu'à sa destruction et la transmigration à Babylone ; six cent soixante-huit de la transmigration jusqu'à la passion de notre Seigneur ; quatre cent douze de la passion de notre Seigneur à la mort de saint Martin ; cent douze de la mort de saint Martin à la mort du roi Clovis ; trente-sept de la mort du roi Clovis jusqu'à la mort de Théodebert ; vingt-neuf de la mort de Théodebert jusqu'à celle de Sigebert, ce qui fait ensemble cinq mille sept cent soixante-quatorze ans.

www.ingramcontent.com/pod-product-compliance
Lightning Source LLC
Chambersburg PA
CBHW022306060426
42446CB00007BA/604